Jeremy Bullmore

Wieder so ein Scheißtag im Büro *und* wie Sie ihn überleben

Jeremy Bullmore

Wieder so ein Scheißtag im Büro *und* wie Sie ihn überleben

Aus dem Englischen von
Helmut Reuter

Piper
München Zürich

Die Originalausgabe erschien unter dem Titel »Another bad day at the office?« 2001 bei Penguin Books (The Penguin Group), London.

Für PB

ISBN 3-492-04453-0

Satz: Filmsatz Schröter GmbH, München
Druck und Bindung: Clausen & Bosse, Leck

www.piper.de

Inhalt

Vorwort 9

Wie kann ich arbeiten, wenn ich von solchen Leuten umgeben bin? 15

Wenn Privates ins Spiel kommt ... 27

Chef sein ... 45
- Die Rolle ausfüllen, die Aufgaben erledigen 47
- Schwierige Entscheidungen 60
- Wie man den Chef lenkt 73

Auf wessen Seite stehe ich? Loyalitätskonflikte 79

Meine glanzvolle Karriere 95
- Wie liege ich im Rennen? Und warum will mir keiner etwas sagen? 97
- Änderungen verkraften 101
- Ins Abseits gestellt 109
- Wie erkenne ich, wann ich die Firma wechseln muß? 113

Ist Ehrlichkeit immer angebracht? 137

Was hat Vorrang: Firma oder Familie? 149

Schlußwort 163

Danksagung 165

Vorwort

Das Wort Arbeit muß einer der am stärksten beanspruchten Ausdrücke unserer Sprache sein.

Da sind einmal jene, die im Leben keinen anderen Ehrgeiz haben, als die Arbeit ganz aufzugeben – so sehr hassen sie sie. Dann gibt es jene, die sagen (und meinen): »Ich lebe für meine Arbeit.« Es ist doch sehr merkwürdig, daß wir nur über ein einziges Wort verfügen, um derart unvereinbare Gegensätze auszudrücken.

Dieses Buch ist denen zugedacht, für die die Arbeit irgendwo dazwischen liegt: Jenen, die, nun ja, arbeiten müssen, aber immerhin das Glück haben, in einem Job tätig zu sein, den sie im Großen und Ganzen mögen. Jenen, die, falls sie die Wahl hätten, wahrscheinlich lieber weiterarbeiten würden als ganz damit aufzuhören, die aber dennoch Aspekte ihres Arbeitslebens frustrierend finden, sich davon überfordert fühlen, nicht genug zurückerhalten oder alle drei Möglichkeiten gleichzeitig erleben.

Deren größtes Problem ist nicht die Art ihrer Arbeit, sondern die Beschaffenheit der menschlichen Natur. Die meisten Probleme bei der Arbeit sind zwischenmenschliche Probleme.

Die Themen der Vorabendserien stammen mitten aus dem Leben. Mann oder Frau, von der Arbeit zurück, schleudern Tasche oder Aktenkoffer auf den Boden: »Wieder einen Scheißtag im Büro gehabt, Schatz?« Und ein Strom aufgestauter Wut und Galle bricht hervor. Über den Boß, über den Kunden, über den Idioten von der EDV, der das ganze System zum Absturz gebracht hat, über den neuen Trainee frisch von der Uni, über den besten Freund, über Norman und über Wendy.

Dieses Buch ist auch für Vorgesetzte gedacht: Das sind ebenfalls Menschen, und oft haben sie selbst einen Boß. Vorgesetzte sind ständig verwundert, weshalb ihre Leute so widerspenstig sind, weshalb sie so unvernünftige Forderungen stellen und immer wieder so unzufrieden sind. Und weil so wenige von den Bossen für ihre Aufgabe richtig ausgebildet wurden, sorgen sie sich ziemlich darum, wie sie ein guter Vorgesetzter sein könnten.

Das ist nicht einfach. Falls Sie den am Positiven orientierten Büchern über richtiges Management glauben, könnte man Ihnen die Überzeugung nachsehen, daß nur einige schlichte Regeln zu befolgen seien, um eine Firma zu betreiben, das Beste aus den Leuten herauszuholen und im Wettbewerb erfolgreich zu sein. Einfach Ziele setzen, sie allen verständlich machen, Normen setzen, die Meßlatte höher legen, bewerten, belohnen. Und so weiter.

Alles wunderbare Ratschläge, gewiß. Doch die Bücher übersehen, daß Menschen auch bei der Arbeit weiter Menschen sind: Genauso schrullig, genauso anfällig für Kümmernisse, genau so voller Lust oder Unlust, genauso sprunghaft wie bei sich zu Hause oder im Urlaub.

Wie alle einschlägigen Untersuchungen bestätigen, ist einer der wichtigsten Gründe, weshalb man gern zur Arbeit geht, die Gesellschaft anderer Menschen. Doch genau diese Menschen – und natürlich sind es die anderen – fangen dann an, alles kaputtzumachen.

Der Vergleich mit den Vorabend-Serien trifft auch in anderer Hinsicht zu. Nur wenige von uns, wie durcheinander und frustriert wir uns auch fühlen mögen, versuchen, die Angelegenheit im Büro klarzustellen oder uns auch nur unsere Gefühle anmerken zu lassen. Wir heben sie für unsere unglückseligen Partner auf.

Vorgesetzten fällt es schwer, gegenüber Kollegen Zweifel und Unentschlossenheit zuzugeben – das scheint auf Unzulänglichkeit hinzuweisen und den Respekt zu gefährden. Und Untergebene sind genauso zurückhaltend – vielleicht, weil man, wenn man einem Kollegen gegenüber seine Angst eingesteht, jemandem seine Verletzlichkeit zeigt, der in gewisser Hinsicht auch ein Konkurrent sein könnte.

Wenn man vom eigenen Zuhause absieht, wird der Zorn auf die alltäglichen Widrigkeiten im Job am liebsten in der Kneipe abgelassen. Einmal hörte ich einen aufgebrachten Dreißigjährigen, der sehr ausführlich all die Ungerechtigkeiten ausbreitete, denen er regelmäßig ausgesetzt war. »Wenn die Dinge gut laufen«, erklärte er, während seine Stimme immer neue Höhen des Selbstmitleids erreichte, »wer kriegt dann die Anerkennung? Er natürlich, wer sonst. Wenn aber etwas schief geht, ist alles anders, das kann ich dir sagen. Dann ist von ihm nichts mehr zu sehen, darauf kannst du wetten, und *ich* bin der Prügelknabe!«

Vielleicht erklärt diese Zurückhaltung, Unzufriedenheit am Arbeitsplatz direkt an Ort und Stelle offen auszudrücken, zumindest teilweise, weshalb Kummerkästen in Zeitschriften so beliebt sind und so viele Leser haben. Zu sehen, daß man nicht allein ist, daß andere dort draußen ähnliches erlebt haben, beruhigt. Und ganz nebenbei können die Antworten ja auch noch hilfreich sein.

So hoffe ich, daß dieses Buch sowohl unterhaltsam als auch lehrreich ist. Und falls einige der Antworten darauf hindeuten, daß der Fehler vielleicht nicht so sehr bei unseren Kollegen als bei uns selbst liegt – nun, meiner Ansicht nach trifft das häufig zu.

Wie kann ich arbeiten, wenn ich von solchen Leuten umgeben bin?

Wir verbringen viel Zeit bei der Arbeit, in nächster Nähe anderer Menschen. Und im Unterschied zu uns haben andere Leute leider gewisse Fehler.

Einige dieser Fehler beziehen sich auf die Arbeit: Unzuverlässigkeit bei der Einhaltung der Arbeitszeiten, ausgeprägter Widerstand gegen Überstunden und Einspringen für andere, zermürbende Ungenauigkeit beim Umgang mit Zahlen. Andere sind Kleinigkeiten persönlicher Natur: Sandra fährt sich ständig mit den Fingern durchs Haar, William pfeift durch die Zähne, Colin ist ein schmieriger Intrigant, der vor dem Boß kriecht und damit durchkommt.

Auch wenn es dabei nur um Kleinigkeiten geht, können die schlechten Angewohnheiten anderer, deren Zeuge man jeden Tag mit stummem Widerwillen wird, sich schnell zu größerer Unzufriedenheit auswachsen. Man kann stets angeben, wann einem das passiert; immer wieder sagt man sich: »Ach ja, da wäre noch etwas.«

Und wenn wir uns nichts vormachen, dann kommt es durchaus vor, daß unsere Irritation nicht durch die persönlichen Angewohnheiten der Kollegen ausgelöst wird, sondern durch ihren offensichtlichen Erfolg.

Für Probleme dieser Art gibt es keine Patentlösungen. Gewöhnlich hilft ein ernsthafter Versuch, die Dinge ein-

mal mit den Augen des anderen zu betrachten. Und nicht selten verhindert man durch frühzeitige und offene Äußerung seiner Gefühle, daß eine kleine Irritation sich zu einer schwärenden Wunde entwickelt.

Ich finde einen meiner Kollegen in der Geschäftsführung äußerst irritierend. Ich glaube, seine Einfälle sind ganz gut, doch seine Stimme und seine Art stoßen mich ab. Leider scheint der Vorsitzende gut mit ihm zurechtzukommen. Wie kann ich meine Voreingenommenheit überwinden?

Ich habe den starken Verdacht, daß Sie nicht von seiner Stimme und seiner Art angewidert sind: Es ist die Tatsache, daß seine Ideen etwas taugen und er gut mit Ihrem Vorsitzenden zurechtkommt.

Nun spielen Sie doch bitte nicht gleich die beleidigte Leberwurst. Stellen Sie sich einfach folgende Fragen – und beantworten Sie diese so leidenschaftslos wie möglich.

Haben Sie den Eindruck, mit diesem Kollegen in Wettbewerb zu stehen? Glauben Sie insgeheim, er sei in einigen Dingen besser als Sie? Glaubt der Vorsitzende, daß die Ideen Ihres Kollegen besser sind als Ihre?

Sollten Sie, wenn auch widerstrebend, zumindest eine Frage mit Ja beantworten, dann leiden Sie nicht an einer so banalen Geschichte wie Voreingenommenheit: In Ihnen frißt ganz einfach der gute alte Neid. Und sobald Sie diesen höchst menschlichen Zustand bei sich anerkannt haben, sind Sie auch schon auf dem Wege der Besserung.

Schreiben Sie zunächst einmal alles auf, was Sie Ihres Wissens gut können – und machen Sie das besser als er.

(Wenn Ihnen absolut nichts einfällt, sollten Sie schnellstens einen Personalberater Ihres Vertrauens anrufen.)

Dann ergreifen Sie die erste sich bietende Gelegenheit, bei der Sie und er gemeinsam an einem wichtigen Projekt arbeiten. Übernehmen Sie nur jene Angelegenheiten, die Sie gut beherrschen. Lassen Sie zu, daß er die Dinge erledigt, die er besser kann als Sie. Halten Sie sich heldenmütig zurück, wenn er sich gelegentlich auf Ihr Territorium begibt. Sie beide (und Ihr Chef) werden bald erkennen, daß Ihre Fähigkeiten sich ergänzen.

Erweist das Projekt sich als erfolgreich, sollten Sie jeder Versuchung widerstehen, irgendwelche Verdienste dafür zu beanspruchen. (Sie dürfen sich jedoch durchaus eine kleine private Genugtuung für das Erreichte gönnen.)

Und wenn Sie dann zusammen einen heben, um den gemeinsamen Sieg zu feiern, können Sie ihn ruhig ein wenig wegen seiner Stimme und seiner Art aufziehen (obwohl Sie diese dann vielleicht gar nicht mehr als störend empfinden).

Einer meiner Kollegen in der Geschäftsführung (er ist auch ein Freund) ist wortgewandt, professionell und erfolgreich. Doch er muß immer eine Antwort auf alles parat haben, womit er mich und andere irritiert und einem das Gefühl gibt, irgendwie minderwertig zu sein. Er scheint nie zugeben zu können, sich bei irgendwelchen Dingen nicht auszukennen oder falsch zu liegen oder für ganz normale Verletzlichkeiten anfällig zu sein. Deswegen habe ich große Schwierigkeiten, eine angemessene Beziehung zu ihm aufrechtzuerhalten.

Sind Sie sicher, daß dieser unangenehme Mensch ein Freund ist? Und falls er es ist, sind Sie sicher, daß Sie ihm mit dieser Beschreibung gerecht werden?

Sie sagen, er sei »wortgewandt, professionell und erfolgreich« und gebe Ihnen und anderen das Gefühl, irgendwie »minderwertig« zu sein. Da kommt mir doch spontan der Verdacht, daß er Ihnen einfach deswegen dieses Gefühl vermittelt, weil er in einigen Dingen besser ist als Sie und erheblich mehr Erfolg hat.

»Nein, nein, nein!« höre ich Sie aufschreien. »Ganz und gar nicht! Er ist ein selbstgefälliger und wichtigtuerischer Scheißer!« Na schön, kommen Sie wieder runter. Ich akzeptiere Ihr vernichtendes Urteil – doch nur unter der Bedingung, daß Sie mir und sich selbst gegenüber nicht länger vorgeben, er sei Ihr Freund. Sie wissen ganz genau, daß Sie diesen Menschen nicht ausstehen können, doch es widerstrebt Ihnen, das laut auszusprechen, weil es nach Neid und sauren Trauben schmecken könnte.

Na also – Sie haben es ausgesprochen. Jetzt müßten Sie sich schon besser fühlen.

Sobald Sie darauf verzichten, Freundschaft vorzugeben, verschafft Ihnen das in zweifacher Hinsicht Freiheit. Erstens können Sie neu festlegen, was Sie unter einer »angemessenen Beziehung« verstehen. Sie müssen nicht länger mit zusammengebissenen Zähnen den Kumpel spielen. Keine Pflichtdrinks nach der Arbeit und auch keine gemeinsam betrachteten Familienfotos mehr. Sie können gerade so höflich sein, wie es für die Zusammenarbeit erforderlich ist. Und zweitens können Sie ihn ab und zu wegen seiner unablässigen Allwissenheit hochnehmen. Sollte er das als unfreundlichen Akt empfinden, ist das in Ordnung. Er ist schließlich kein Freund von Ihnen, oder sollten Sie das schon vergessen haben?

Und falls die Frotzeleien funktionieren und er sich

bessert und zu einem angenehmeren Zeitgenossen wird ... wer weiß? Vielleicht gewinnen Sie sogar noch einen Freund – und diesmal einen echten.

Ich mache während des Tages regelmäßig Zigarettenpausen, erledige aber immer meine Arbeit. Letzte Woche nahmen mich drei Kollegen beiseite. Sie erklärten mir, sie fänden es unannehmbar, daß ich so viel Zeit für Zigarettenpausen beanspruche, und forderten mich auf, damit aufzuhören. Ich sehe das nicht ein, solange ich meine Arbeit gut mache. Doch inzwischen ist die Atmosphäre unangenehm geworden, und ich frage mich, ob ich nicht tun soll, was sie erwarten.

Ich möchte wetten, daß keiner der drei Kollegen, die Sie so offiziell beiseite genommen haben, selbst raucht. Es ist sehr bemerkenswert (und ziemlich beängstigend), wie das Image des Rauchens sich im Laufe der letzten vierzig Jahre geändert hat. In seinem Anfang der 1950er Jahre veröffentlichten ersten Roman *Casino Royale* hat Ian Fleming die heldenhafte Figur des James Bond unter anderem dadurch charakterisiert, daß er ihn »seine siebzigste Zigarette an diesem Tag« anzünden ließ. Heute sieht man Raucher, die sich in Fluren zusammendrängen und gesellschaftlich nur noch von ihresgleichen akzeptiert werden.

Wie Sie sicher selbst ahnen, sorgen Ihre Kollegen sich nicht wirklich wegen der Zahl der Pausen, die Sie sich genehmigen; sie quellen vielmehr über vor moralischer Entrüstung, weil Sie rauchen. Sie betrachten Sie als Angehörigen der süchtigen Klassen, während sie selbst, alles ausnahmslos selbstgerechte Arschlöcher, natürlich nicht dazugehören.

Meine Sympathien gehören also Ihnen. Doch ich fürchte, daß es, falls Sie nicht in einen anderen Job wechseln wollen, an Ihnen ist, sich zu ändern. Also sollten Sie mit den Pausen aufhören – und zwar ohne Äußerungen von Trotz oder großes Aufsehen.

Ich weiß, das ist nicht fair, aber da müssen Sie durch. Wer Konzessionen macht, auch wenn er es grundsätzlich nicht müßte, zeigt damit oft eher Reife als Schwäche. Es steht Ihnen sogar zu, daraus ein gewisses heimliches Vergnügen zu ziehen.

Da fällt mir zum Schluß noch etwas ein. Die Tatsache, daß Sie von allen dreien zu Rede gestellt wurden, läßt darauf schließen, daß an Ihrem Arbeitsplatz eine ungesunde Cliquenwirtschaft herrscht, aus der Sie ausgeschlossen sind. Sollte das der Fall sein, könnte ohnehin ein Stellenwechsel notwendig sein.

Ich teile meine Stelle mit einem Kollegen, doch ich stelle immer wieder fest, daß er rückgängig macht, was ich angefangen habe. Er verlegt auch Akten und Kundendaten, vergißt, Nachrichten weiterzuleiten, und versäumt es, mir mitzuteilen, an welchen Sachen ich dranbleiben muß, wenn ich meine Arbeitsperiode antrete. Ein- oder zweimal habe ich erfolglos versucht, ihn vorsichtig darauf anzusprechen. Ich überlege, das Problem einem Vorgesetzten vorzulegen, doch ich arbeite im Rahmen eines Job-Sharing-Versuchs, um den ich selbst gebeten habe, und den möchte ich nun wirklich nicht gefährden.

Die Arbeitsgewohnheiten dieses Herrn sind so umfassend chaotisch, daß sie wie vorsätzlich geplant scheinen. Und ich frage mich natürlich, ob das so ist.

Haben Sie sich selbst einmal gefragt, ob diese Ansammlung von Inkompetenz nicht vielleicht auf Absicht beruht? Sie sagen, Ihr geteilter Arbeitsplatz sei so etwas wie ein Experiment – und eine Erklärung für sein Verhalten könnte darin liegen, daß er entschlossen ist, das Experiment seinerseits scheitern zu lassen. Das würde auch sein Widerstreben, sich zu bessern, erklären. Sie können diese Möglichkeit überprüfen, indem Sie feststellen, ob er seine mangelnde Effizienz überproportional an Sie verschwendet oder ob er sie ohne Ansehen der Person verteilt.

Wenn er bei anderen ebenso unzuverlässig ist wie bei Ihnen – anders gesagt, wenn er eindeutig zu den hoffnungslosen Fällen dieser Welt gehört –, dann sollten Sie nicht allzu besorgt sein, falls Sie Ihre Bedenken einem Vorgesetzten übermitteln: Seine heldenmütige Unfähigkeit dürfte sicherlich aufgefallen sein, so daß von Ihnen nicht mehr als ein Anstoß nötig sein müßte.

Schwieriger wird es, wenn er sich bemüht hat, Ihnen das Leben extrem zu erschweren, während er bei anderen Charme und Kompetenz zeigt.

Ich kann nur empfehlen, daß Sie, falls das noch nicht geschehen ist, eine Liste seiner Fehler und Unterlassungen anlegen. Auch wenn Ihnen das äußerst zuwider sein sollte, werden Sie die Angelegenheit doch früher oder später einem Vorgesetzten vorlegen müssen – und dann brauchen Sie eine unanfechtbare und nüchterne Falldarstellung.

Seien Sie aber bitte nicht kleinlich – Sie würden sonst alle Glaubwürdigkeit verspielen. Beschränken Sie sich auf eindeutige, belegbare Beispiele von Nachlässigkeit – und hoffen Sie, daß die Gerechtigkeit siegt.

• • • • • •

Ich habe eine Kollegin im mittleren Management, für die ich beruflich keinen Respekt empfinde. Sie ist wie ich Anfang dreißig, verbringt aber den größten Teil ihrer Zeit damit, mit männlichen Kollegen zu flirten; sie tratscht eher, als ihr Team zu unterstützen und ihre Berichte rechtzeitig fertigzustellen. Ihre Abneigung, das zu erledigen, wofür sie eingestellt wurde, fällt auf mich zurück, da ihre Mitarbeiter sich an mich wenden, wenn sie Hilfe brauchen. So muß ich die Arbeit mit übernehmen, die sie liegenläßt. Die erkennbar beste Lösung wäre, die Sache mit meinem Vorgesetzten zu besprechen, doch der ist ein enger Freund von ihr. Ich finde es sehr frustrierend, daß jemand in einer solchen Schlüsselposition mit so wenig Leistung durchkommt.

Als erstes sollten Sie sich selbst sorgfältig auf Anzeichen von Neid prüfen. Alles klar? Keine Spur davon? Ganz sicher? O.K., gut so.

Nun essen Sie mit ihr zu Mittag. Und dann erzählen Sie ihr ohne jede Erregung und ohne öde Wiederholungen genau das, was Sie mir geschrieben haben. Zeigen Sie ihr den Brief, warum nicht? Doch vermeiden Sie vor allem den Satz: »... da wäre noch etwas«. Schenken Sie noch ein Glas Wein ein. Auch wenn es nicht zu großen Verbesserungen kommt, haben Sie zumindest nichts getan, was Sie später vielleicht bereuen müßten.

• • • • • •

Vor sechs Monaten trat ich eine neue Stelle als Leiter eines Online-Nachrichtendienstes an. Ich glaube, meine Sache gut zu machen, habe aber von einem Mitglied meines Teams erfahren, daß ein Mitglied des mittleren Managements bei diesen wöchentlich stattfindenden Kneipenrunden der »Jungs« versucht hat, meine Leute gegen mich aufzubringen. Außerdem soll er dem Direktor der Firma erzählt haben, ich sei faul und unfähig. Ich bin wirklich geschockt und möchte dagegen angehen, ohne gleich als »hysterisches Weib« abgestempelt zu werden. Wie kann ich das am besten bewerkstelligen?

Das hört sich übel an. Viel zu viele Leute reden hinter dem Rücken der anderen. Was glaubt dieses Mitglied Ihres Teams eigentlich Gutes zu tun, wenn er Ihnen zuträgt, was ein Angehöriger des mittleren Managements über Sie sagt? Und hält er in stillem Einverständnis den Mund, während all das geschieht – oder setzt er sich für Sie ein? Für mich hört sich das an wie eines jener nur allzu vertrauten Beispiele ansteckender Niedertracht, die in jedem Unternehmen ausbrechen können. Es überrascht, wie ansonsten völlig umgängliche Leute anfangen können, Schmutz aufzurühren, wenn ein Vorgesetzter als Beispiel vorangeht.

Nach dem, was Sie sagen, geht die Seuche von Ihrem mittleren Manager aus. Um die Krankheit schon in den Anfängen zu ersticken, genügt es, wenn Sie ihn neutralisieren können.

Über das mit dem hysterischen Weib sollten Sie sich keine allzu großen Sorgen machen: Da ist fast sicher ein wenig von dem altmodischen Sexismus im Spiel, doch das sollten Sie nicht zum Thema machen. Reden Sie mit dem Direktor Ihrer Firma. Sie sind jetzt seit sechs Monaten in dieser Position: Könnten Sie bitte eine ungeschminkte Beurteilung erhalten – und zwar schriftlich?

Ist das Zeugnis gut, fragen Sie ihn, ob er glaubt, daß Ihr Team zufrieden ist. Den Tratsch Ihres Teammitglieds sollten Sie besser nicht erwähnen – vielleicht ist es wirklich nicht mehr als das. Wenn er auch hier den Daumen hebt, sagen Sie, daß es in Ihrem Team anfangs einige Unsicherheiten gegeben hätte. Sie fänden es sehr hilfreich, wenn er in einer kurzen Notiz oder E-Mail auf Ihr erstes Halbjahr in dieser Position hinweisen und Ihren Führungsanspruch bestätigen könnte.

Damit sollte die Sache bereinigt sein – natürlich nur, wenn Ihre Beurteilung wirklich positiv ist. Ist sie das nicht, dann haben Sie auf jeden Fall ein anderes Problem.

Wenn Privates ins Spiel kommt ...

Manager, die sich so verhalten, als seien private Probleme etwas, das den Menschen ausschließlich zu Hause zustößt, werden entweder tief enttäuscht werden oder schlechtes Führungspersonal in ihre Reihen holen. In jedem Unternehmen, das auf die Qualität seiner Leute Wert legt – und das sollte alle Firmen betreffen –, gibt es äußerst delikate Probleme zu lösen: Das reicht von scheinbar banalen bis hin zu tief bewegenden Dingen. Und es ist nicht gut, diese deswegen mit einem Achselzucken abzutun, weil bei der Arbeit nur geschäftliche Erwägungen zählen. Ob einem das gefällt oder nicht, aber private Probleme und geschäftliche Erwägungen können niemals sauber getrennt werden.

Wenn persönliche Empfindungen erst einmal professionelle Urteile beeinflussen, kann es zu heiklen Entwicklungen kommen. Einzelnen fällt auf, daß Clive anfängt, Clare zu bevorzugen, und bald herrscht allgemein das Gefühl, daß es ungerecht zugeht.

Schwerwiegende private Probleme bringen einen häufig in erhebliche Verlegenheit. Sie erfordern beträchtliches Fingerspitzengefühl und Takt – und vor allem Zeit.

Wer in Schwierigkeiten steckt, sehnt sich meist nach einem einfühlsamen Zuhörer. Als Vorgesetzter glauben Sie möglicherweise (und hoffen sicherlich), daß nicht mehr als ein Gespräch nötig ist – doch das wird nicht ausreichen. Wie knapp Ihre Zeit auch bemessen sein mag: Sie sollten sie großzügig einsetzen, denn das bietet weit mehr Trost als die wohlgesetztesten Äußerungen von Sympathie.

Am Arbeitsplatz lauert oft einige Unzufriedenheit und gelegentlich auch Elend, und das vor allem deshalb, weil sowohl Chefs als auch ihre Schäfchen zu glauben scheinen, daß es sich irgendwie nicht gehört, dies zur Kenntnis zu nehmen.

Ich habe ein ungutes Gefühl, was das Verhalten unseres Geschäftsführers angeht. Ich bin Kundenkontakterin bei einer Werbefirma. Er bat mich, ihn zu einem Treffen mit einem Kunden zu begleiten. Die Räume des Kunden liegen ganz in der Nähe, weshalb wir zu Fuß hingingen, doch das Treffen war nur ein Vorwand. Statt dessen machte er bei einem Hemdenladen halt und forderte mich auf, für ihn Hemden auszuwählen, die mir gefielen. Ich weigerte mich, und nun herrscht zwischen uns eine gewisse Anspannung. Habe ich mich richtig verhalten?

Wahrscheinlich haben Sie sich richtig verhalten, doch nach dem, was in Ihren Worten anklingt, haben Sie es nicht auf die richtige Weise getan.

Sie haben sofort unterstellt, daß die Motive Ihres Chefs alles andere als beruflicher Natur waren – und ich bin sicher, Sie haben recht. (Es hört sich so an, als sei er bereits gebunden, und Sie scheinen ihn in jedem Fall nicht besonders zu mögen.)

Mit seinem Täuschungsmanöver wollte er natürlich Ihre Reaktion testen – ohne sich einer offenen Zurückweisung auszusetzen. In seiner Wunschvorstellung haben Sie den Vorschlag zweifellos entzückt aufgegriffen, ein Hemd hochgehalten, um zu schauen, ob es zu seiner Augenfarbe paßt, und dann die Idee geäußert, daß er für Sie auch gleich eines mitkaufen könne, weil Sie im Bett immer Männerhemden trügen. Das hätte ihn wahrlich zu einem sehr glücklichen Geschäftsführer gemacht.

Statt dessen haben Sie ihn kalt abblitzen lassen und ihm offen gewisse Motive unterstellt, ohne irgendeinen Versuch zu unternehmen, ihm seine Selbstachtung zu lassen. Daher die angespannte Atmosphäre.

Daß er es in jeder Weise verdient hat, bringt Sie so oder so nicht weiter: Es ist die Arbeitsbeziehung, die Ihnen zu schaffen macht.

Was hätten Sie anderes tun können? In der Empörung des Augenblicks ist es nie leicht, sich einen lockeren Spruch einfallen zu lassen, doch es wäre vielleicht interessant geworden, wenn Sie gesagt hätten: »Also, was Männerhemden betrifft, bin ich ein hoffnungsloser Fall. Aber Derek ist da Spitze. Er holt mich heute abend ab – wir könnten dann doch einfach zu dritt wieder herkommen?«

Sie sollten erwägen, von heute an Derek ins Gespräch zu bringen (auch wenn es gar keinen Derek gibt). Das könnte Ihren wildernden Chef ermuntern, sich in anderen Jagdgründen umzusehen.

• • • • • •

Plötzlich sehe ich mich in Bürointrigen verwickelt. Der Vorgesetzte meines Chefs hat mich ins Vertrauen gezogen und meinen Chef kritisiert – anscheinend will er ihn aus der Firma haben. Ich bin gern in dem Unternehmen und daran interessiert, weiter voranzukommen. Aber ich weiß wirklich nicht, wie offen ich gegenüber jedem von den beiden sein kann.

Ich wittere Ränkespiele – und Intrigant Nummer eins ist der Vorgesetzte Ihres Chefs. Über Ihre Vorgesetzten sollte er überhaupt nicht mit Ihnen sprechen – schon gar nicht mit kritischen Äußerungen. Er bringt Sie damit in eine absolut unmögliche Lage.

Doch ich rieche da noch mehr als nur eine schlichte Bürointrige. Wie Sie es schildern, benimmt der Vorgesetzte Ihres Chefs sich nicht einfach nur intrigant, sondern rätselhaft. Als Vorgesetzter sollte er imstande sein, Ihren Chef problemlos aus der Firma zu bekommen, wenn er das für notwendig hält. Und wie kommt er überhaupt auf die Idee, daß es ihm helfen könnte, Sie ins Vertrauen zu ziehen?

Nun drängt sich mir die Frage auf: Sind Ihr Chef und dessen Vorgesetzter vielleicht zufällig Männer? Und Sie sind zufälligerweise eine Frau, oder?

Sollte ich mit dieser Vermutung recht haben, dann schälen sich zumindest ein paar Motive heraus. Intrigant Nummer eins hofft, Sie mit seinem Status als höherer Vorgesetzter zu beeindrucken und Ihnen durch seine Vertraulichkeiten zu schmeicheln. Wenn er sich über Ihren Chef ausläßt, hat er einen Vorwand, mit Ihnen zu sprechen. Und sobald Sie erst einmal angefangen haben, denkt der Intrigant, ein paar kleine Geheimnisse mit ihm zu teilen – wer weiß, welche Intimitäten dann vielleicht noch folgen könnten?

Ich rate Ihnen, bei allen künftigen Gesprächen über

Ihren Chef um keinen Preis Partei zu ergreifen – und klarzustellen, warum. Falls Sie gern für Ihren Chef arbeiten und ihn hoch schätzen, sollten Sie das sagen. Sie dürften überrascht sein, wie schnell der Intrigant seinen Ton ändern wird.

Und was immer Sie auch tun, widerstehen Sie der Versuchung, Ihren direkten Vorgesetzten in all das einzubeziehen, nicht einmal andeutungsweise. Das würde nämlich alles nur noch komplizierter machen.

Ich bin 52, und wenn ich mich so in der Firma umsehe, werden meine Kollegen immer jünger. Ich mache mir Sorgen, daß meine Tage hier gezählt sein könnten. Kann ich da irgend etwas tun? In diesem Jahr steht mir noch eine Menge Urlaub zu, und ich habe daran gedacht, mir in Kalifornien das Gesicht liften zu lassen.

Na, Mahlzeit. In welcher Branche sind Sie denn, um Himmels willen? Ich habe keine Ahnung, ob Sie ein Mann oder eine Frau sind – doch in jedem Fall ist es an der Zeit, daß Sie erwachsen werden.

Es hört sich an, als wären Sie schon seit einiger Zeit in derselben Firma. Hat man Sie wirklich nur wegen Ihres Aussehens behalten? Oder machen Sie Ihre Sache einfach ziemlich gut? Das ist die einzige Frage, auf die Sie sich konzentrieren müssen.

Diese zwanghafte Beschäftigung mit Alter und Erscheinung ist oft das Kennzeichen von Leuten, die extrem selbstbezogen sind. Wenn Sie einen Raum betreten, so würde ich wetten, daß Sie sich fragen, was die Anwesenden von Ihnen denken. In Wahrheit – was für Sie möglicherweise schmerzlich ist, aber eigentlich wunderbar befreiend – dürften die Leute fast sicher keinen Gedanken auf Sie verwenden.

Außerdem wette ich, daß Sie der einzige Mensch in der Firma sind, der auch nur einen Augenblick darüber nachdenkt, wie alt Sie sind und wie Sie aussehen.

Wenn Sie jedoch darauf bestehen, sich zum Mittelpunkt des Gespötts zu machen, können Sie nichts besseres tun als auszusehen wie Zsa Zsa Gabor, wenn Sie aus Kalifornien zurückkommen. Dann haben Sie möglicherweise wirklich einen Grund, sich Sorgen zu machen.

Einer meiner Kollegen hat ein übles Hygieneproblem. Er sieht zwar sauber aus, doch es kommt mir vor, als würde er sich nie waschen. Manchmal verbreitet er einen so schlimmen Geruch, daß die Leute in unserer Abteilung vor Meetings mit ihm zurückschrecken, ganz zu schweigen davon, neben ihm zu sitzen. Sollte ich mit ihm darüber reden, und falls ja, wie? Was ist, wenn es sich um ein gesundheitliches Problem handelt?

Es ist nicht als Witz gemeint (bitte glauben Sie mir das), wenn ich frage: Hat er einen Freund? Falls ja, sollten Sie bei ihm anfangen. Und sagen Sie nicht bloß: »Weiß Frank eigentlich, daß er zum Himmel stinkt?« – selbst der beste Freund könnte das ein wenig zu unverblümt finden. Statt dessen könnten Sie den medizinischen Aspekt ansprechen, um den Sie zu Recht besorgt sind. Fragen Sie mit aufrichtiger Besorgnis, ob Frank vielleicht ein Problem mit seiner Haut hat – und warten Sie ab, was sich daraus entwickelt.

Doch aus dem, was Sie sagen und was Sie verschweigen, leite ich die Vermutung ab, daß er keinen Freund hat – zumindest nicht in der Firma. Außerdem fürchte ich, daß er auch zu Hause keinen Partner hat. Wahrscheinlich müffelt er so ausgeprägt, weil er allein lebt, seine Klamotten nicht allzuoft wechselt und glaubt, Deos seien ausschließlich für Flugbegleiter gedacht. Man kann zweimal täglich duschen und dennoch grauenhaft riechen, wenn man ständig dasselbe Hemd trägt (zumindest hat man mir das gesagt).

Demnach bleibt nichts anderes übrig als ein direkter Vorstoß Ihrerseits: Und hier müssen Sie geradezu übernatürlich einfühlsam vorgehen.

Suchen Sie sich einen Imbißstand oder eine Kneipe – nicht das Büro. Der entscheidende Moment liegt eindeutig in der Eröffnung. Bringen Sie das Gespräch auf das Privatleben. Wie lange lebt er schon allein? Macht er sich sein Essen selbst, kauft er selbst ein? Benutzt er eine Waschmaschine? So erfahren Sie genug, um nicht allzusehr ins Fettnäpfchen zu treten, falls er wirklich ein gesundheitliches Problem hat.

Erzählen Sie ihm, daß Sie, nachdem Sie bei den Eltern ausgezogen waren, tagelang dieselben Hemden und Socken getragen hätten. Warten Sie die Reaktionen ab und richten Sie Ihr weiteres Vorgehen danach aus.

Nur wenn Sie das Gefühl haben, daß es passen könnte, sollten Sie sagen, er erinnere Sie an die Zeit damals, als Sie selbst allein lebten: Wirklich ein nostalgisches Gefühl. Das sollte leicht und unbeschwert rüberkommen und ein wenig amüsiert klingen – aber damit kriegen Sie die Kiste auf.

Sie halten das vermutlich für eine absurd mühsame Methode, und möglicherweise ist alles völlig überflüssig. Doch denken Sie daran: Von äußerster Zurückhaltung kann man immer zu knallharter Konfrontation übergehen, umgekehrt ist das nie möglich. Und immerhin steht die Selbstachtung eines Menschen auf dem Spiel.

Mein direkter Vorgesetzter meint, wenn ich in meiner Firma in der City vorankommen will, sollte ich besser darauf verzichten, den Armani-Anzug zu tragen, den ich gerade im Ausverkauf erstanden habe. Wie es scheint, haben mehrere Teilhaber etwas gegen dessen »nicht standesgemäße« grünbraune Farbe einzuwenden. Bis jetzt bin ich so etwas wie ein Überflieger gewesen. Sollte ich seinen Rat einfach annehmen oder versuchen, die Angelegenheit auszudiskutieren?

Sie könnten sich deswegen sicherlich ganz leicht in eine vor Empörung bebende Pose hineinsteigern: Wie können diese fossilen Figuren es wagen, einem jungen, zielstrebigen Himmelsstürmer wie Ihnen ihre lächerlich altmodischen Normen aufzuzwingen? Erfreulich zu sehen, daß Sie nicht so reagieren.

In den meisten Jobs werden einem ausdrücklich oder unausgesprochen Kleiderordnungen irgendwelcher Art auferlegt – und nur selten ist es eine demütigende Unterjochung des einzig wahren Selbst, sich dem anzupassen. Doch wie dem auch sei, Konventionen ändern sich – fast unmerklich, kann ich Ihnen versichern, doch sie tun es.

Ich unterstelle mal, daß Sie beispielsweise nicht daran denken würden, in kurzen Hosen zur Arbeit zu gehen (nicht einmal in Shorts von Armani), oder gar im Hemd mit offenem Kragen. Dennoch gibt es heutzutage viele Unternehmen, in denen sich angesichts solcher Bräuche keine Augenbraue heben würde.

Ich meine, Sie sollten den vermutlich gutgemeinten Rat Ihres Chefs annehmen und abwarten, wie die Dinge sich entwickeln. Früher oder später werden grünlichbraune Armani-Anzüge als vollkommen akzeptabel erscheinen, dann als alltäglich und einige Zeit danach als lächerlich traditionell.

Und eines kann ich Ihnen zuverlässig voraussagen: Ich wette, daß Sie, sobald Sie erst selbst einer von den aufgerückten Teilhabern sind, milde Mißbilligung über die unglückliche Vorliebe eines jungen Überfliegers für Nasenstecker äußern werden.

• • • • • •

Wie es aussieht, habe ich keine Kontrolle über mein Erröten. Ich bin kürzlich zum Chefökonomen meines Unternehmens befördert worden und fürchte nun, daß ich deswegen unprofessionell, übermäßig emotional oder wie ein offenes Buch erscheine. Was kann ich tun?

Die Vorstellung, ein Chefökonom, der sich wie ein offenes Buch liest, würde seinem Unternehmen ein tiefes Gefühl der Sicherheit vermitteln, ist vermutlich eher komisch. Das Problem: Erröten könnte ebensogut darauf hinweisen, daß der Errötende etwas zu verbergen hat – was wohl nicht so willkommen sein dürfte.

Bis jetzt stimmt meine Antwort (wie Sie sicher als erster gemerkt haben) mit der traurigen konventionellen Meinung zum Erröten überein. Für den, der daran leidet, kann es eine äußerst störende Heimsuchung sein, die das

Selbstvertrauen und das Selbstwertgefühl untergräbt. Für Kollegen und Freunde, allesamt höchst unsensible Kreaturen, ist es dagegen lediglich ein kleiner Anlaß für ein Lachen – ein Vorwand für Neckereien. Sie sollten mir also verzeihen.

Falls das Erröten für Sie eine ernstliche Belastung darstellt, sollten Sie als erstes professionellen Rat suchen. Reden Sie mit Ihrem Hausarzt, falls Sie einen verständnisvollen kennen, und schließen Sie alternative Behandlungsmethoden nicht aus. Ich kenne Fälle, in denen zum Beispiel eine Hypnosetherapie geholfen hat.

Es kann einen zermürben, sich wegen seiner Befürchtungen Sorgen zu machen. Diesen Teufelskreis müssen Sie irgendwie durchbrechen. Und der einzige andere Ansatz – er erfordert ein übermenschliches Maß an Chuzpe – besteht darin, die Aufmerksamkeit auf das Erröten zu lenken, wann immer Sie spüren, daß sich ein schönes zusammenbraut. Teilen Sie den Leuten mit, daß Sie erröten. Warnen Sie alle vor, damit man darauf achtet. Sagen Sie: »Wow, diesmal war es besonders toll.« Dies läuft fast darauf hinaus, Unmögliches zu verlangen, und vielleicht kommt Ihnen schon der Gedanke daran unerträglich vor. Sollten Sie jedoch glauben, Sie könnten es gerade so hinbekommen, dann probieren Sie es aus. Ich kenne jemanden, der es mit diesem Trick versucht hat und dann fast enttäuscht war, als er entdeckte, daß er nie wieder rot wurde.

• • • • • •

Mein Chef scheint mir besondere Aufmerksamkeit zu schenken – was ich toll finde —, doch es geht so weit, daß es mir peinlich wird. Bei allen Kollegen stimmt er ein Loblied auf mich an, selbst wenn etwas nicht wirklich mein Verdienst ist und ich das auch sage. Ich glaube nicht, daß er es merkt, doch allmählich macht sich Unfrieden breit. Sollte ich mit ihm darüber reden?

Sie haben es ihm angetan. Aus Ihrer Frage geht nicht hervor, ob Sie eine Frau oder ein Mann sind; in jedem Fall mag er Sie. Und ich kann nicht glauben, daß Sie mich brauchen, um das zu wissen.

Damit allerdings kommt mir der Gedanke, daß Sie die ganze Veranstaltung genießen. Ihr Protest, es sei peinlich, und Ihre Abwehr zugeschriebener Verdienste klingen nicht wirklich überzeugend. Ich kann das Unbehagen Ihrer Kollegen gut verstehen; kein Wunder, daß allmählich ein wenig Unfrieden um sich greift.

Sind Sie wirklich entschlossen, das alles zu beenden, dann müssen Sie sich zu rigoroser Selbstdisziplin zwingen. Gleichgültig, wie »toll« (das haben Sie gesagt) Sie es finden mögen: Sie dürfen nie erfreut wirken, wenn er Sie hervorhebt. Schlagen Sie nie die Augen nieder, und murmeln Sie nicht verlegen vor sich hin: Genau das würde ihn nur weiter anspornen. Gehen Sie mit einem Schulterzucken oder einem Lachen darüber hinweg, verständigen Sie sich mit hochgezogenen Augenbrauen mit den Kollegen, gehen Sie raus. Sobald er Sie nicht mehr verehrt, wird er auch aufhören, Sie hervorzuheben.

• • • • • •

Ein Konkurrent hat damit begonnen, mich und meine Firma in der Lokalpresse und, wie man mir sagt, in den hiesigen Bürgergremien schlechtzumachen. Ich will keine schweren Geschütze auffahren oder einen »Krieg der Worte« anfangen, mache mir aber Sorgen, daß seine unzutreffenden Bemerkungen meinem Geschäft schaden. Sollte ich etwas unternehmen, und falls ja, was?

Ich gehe davon aus, Sie haben schon mit Ihrem Anwalt gesprochen. Andernfalls müssen Sie es noch tun. Ihren Angaben zufolge scheint eine volle Breitseite juristischer Maßnahmen weitgehend gerechtfertigt. Wenn Sie diese in der grimmigsten Prosa abfassen, die Sie aufbieten können, müßte das schon genügen. Das ist möglicherweise auch gemeint, wenn Sie von schweren Geschützen reden, doch ich sehe nicht, welches Risiko Sie damit eingehen würden.

Damit wäre sicherlich die üble Nachrede in der Lokalpresse abgedeckt. (Ihr Anwalt denkt vielleicht, eine offene Kopie seines Schreibens an den Herausgeber könnte ebenfalls ein schlauer Schachzug sein.)

Mit dem Getratsche in den örtlichen Bürgergremien ist nicht so leicht umzugehen. Ich frage mich, worum es bei diesem Tratsch geht? Was wirft er Ihnen genau vor? Sie sind darüber besorgt, einen »Krieg der Worte« in Gang zu setzen – und Ihre Besorgnis bereitet mir Probleme. Mein Gefühl sagt mir, daß Sie fürchten, dabei nicht allzugut wegzukommen.

Sollte ich recht haben, dann ist Ihr Fall möglicherweise nicht so wasserdicht, wie Sie das gerne hätten. Einige der herabsetzenden Äußerungen Ihres Konkurrenten könnten vielleicht sogar ein Körnchen Wahrheit enthalten.

Sie sollten also, falls es nötig ist, Ihre Angelegenheiten in Ordnung bringen, und dann ein paar Freunde mit an Bord holen; vielleicht jene, die Ihnen erzählt haben, was in den Bürgergremien abläuft. Diese Freunde bitten Sie, alle unzutreffenden und schädigenden Aussagen Ihres

Konkurrenten zu notieren und bezeugen zu lassen. Damit bewaffnet wenden Sie sich wieder an Ihren Anwalt.

Schreiben Sie unter keinen Umständen lange Beschwerdebriefe an die Lokalzeitung. Die Leserbriefspalten werden sehr viel gelesen – so vermehren Sie nur die Zahl der Leute, die wissen, daß man Ihnen ein irgendwie zweifelhaftes Verhalten vorgeworfen hat.

Sie sagen aber, einige seiner Anschuldigungen seien »unzutreffend«. Ist das nachweislich der Fall, sollten Sie den für diesen Zweck kürzestmöglichen Brief schreiben, ihn mit Ihrem Anwalt durchgehen und darauf bestehen, daß diese Gegendarstellung veröffentlicht wird. Andernfalls wird Ihrem Pressespiegel auf ewig zu entnehmen sein, daß Ihnen zu Recht etwas vorgeworfen wurde.

Einer meiner Kollegen ist kürzlich nach dem Tod eines sehr nahen Familienmitglieds wieder zur Arbeit zurückgekehrt. Ich habe große Schwierigkeiten damit, wie ich richtig mit ihm und seiner Familie umgehen soll. Sie sind alle ganz anders als sonst, und ich weiß einfach nicht, ob es besser ist, den Trauerfall anzusprechen oder nicht. Wie soll ich mich verhalten?

Sie teilen nicht mit, ob es sich um einen Kollegen oder eine Kollegin handelt. Doch da das hier kaum einen Unterschied macht, entscheide ich mich für die männliche Form – einfach um mühsame Verrenkungen wie »er/sie« zu vermeiden.

Sie gehen zu Recht vorsichtig vor. Auch wenn Ihre Beileidsbekundung noch so gut gemeint ist, könnte sie als wenig einfühlsam ankommen. Sie sollten niemals überrascht sein, wenn Menschen in tiefer Trauer sich nicht wie gewohnt oder auch nur vernünftig verhalten.

Welcher Ihrer Kollegen steht dem Betreffenden am nächsten? Falls Sie es sind, sollten Sie die Aufgabe selbst übernehmen. Wenn nicht, vermeiden Sie es besser, die Angelegenheit ihm gegenüber direkt anzusprechen: Er könnte Sie leicht für aufdringlich halten. Den ersten Schritt unternimmt am besten jemand, dem er am meisten vertraut. Der mag zwar immer noch zurückgewiesen werden, doch damit hat man keinen bleibenden Schaden angerichtet.

Dagegen bestehen durchaus Chancen, daß der Betreffende – gegenüber der richtigen Person, zum passenden Zeitpunkt – die Möglichkeit begrüßt, sich ein wenig zu öffnen. Ich habe zumindest zwei Menschen in tiefer Trauer kennengelernt, die mit ihrem verschlossenen Verhalten keine Art der Anteilnahme an sich heranließen, aber später verrieten, wie isoliert sie sich dadurch gefühlt und wie sehr sie sich über sich selbst geärgert hatten. Ich weiß, das ist nicht gerade vernünftig, aber genau so kann es manchmal sein.

Die rechten Worte zu finden, ist extrem schwierig. Wer vorgibt, zu wissen, was der andere empfindet, begeht in der Regel einen großen Fehler, denn das ist fast sicher nicht der Fall. Und selbst wenn es so sein sollte, wird der andere es als Einmischung empfinden. Trauer ist ein äußerst privates Gefühl, und wer ihr ausgeliefert ist, weiß, daß der eigene Schmerz einzigartig ist.

Für eine erste Annäherung ist der sachteste Anstoß am besten geeignet. Er wird wissen, was Sie vorhaben, fast noch ehe ein Wort gesprochen wurde. Und seine Antwort wird Ihnen am besten zeigen, was Sie als nächstes sagen. Seien Sie zufrieden, zuzuhören – endlos. Vermeiden Sie vor allem die Taktik des fröhlichen »Die Zeit heilt alle Wunden«. Auch wenn es vielleicht zutrifft, kann er sich das in seinem aktuellen Gefühlszustand absolut nicht vorstellen.

Zuletzt sollten Sie auf die eigene wachsende Ungeduld achten. Während er in den kommenden Wochen oder gar Monaten immer wieder spricht und Sie zuhören, fragen Sie sich allmählich, ob seine anfangs vollkommen authentische Trauer sich nicht möglicherweise zu verzehrendem Selbstmitleid weiterentwickelt hat. Könnte es sein, daß er seinen Kummer auf eine irgendwie unschöne Weise *genießt*?

Nun – das mag so aussehen. Und möglicherweise sogar ein wenig zutreffen. Aber diese Phase geht vorbei. Widerstehen Sie der Versuchung, ihn an den Schultern zu packen und zu schütteln. Niemand überwindet Trauer schneller, wenn man ihm sagt, er solle sich gefälligst zusammenreißen.

Chef sein …

- Die Rolle ausfüllen, die Aufgaben erledigen
- Schwierige Entscheidungen
- Wie man den Chef lenkt

Manche Menschen – wenn auch, vielleicht zum Glück, nicht allzu viele – scheinen zum Boß geboren. Sie hüpfen aus dem Mutterleib und sind schon komplett ausgestattet: mit Weitblick, Autorität, einem beneidenswerten Sinn für Gegebenheiten und einer dicken Haut.

Die meisten von uns haben mehr Schwierigkeiten. Vorgesetzter zu werden, vor allem, wenn man dies durch Aufstieg innerhalb der Firma erreicht, kann einen vor gewaltige persönliche Probleme stellen. Ich fand mich eines Tages als Boß eines Mannes wieder, für den ich kurz zuvor noch gearbeitet und den ich sehr bewundert hatte. Ich bekam das nie ganz auf die Reihe.

Neue Chefs sind oft sehr befangen – der neue Status ist ihnen wahrscheinlich stärker bewußt als irgendeinem der Kollegen, und sie sind hin- und hergerissen zwischen dem Wunsch, einer von der Truppe zu bleiben und der Notwendigkeit, eine gewisse Distanz zu den anderen herzustellen. Beides zusammen kann man nicht haben.

Frischgebackene Chefs scheuen vielleicht auch davor zurück, schwierige Entscheidungen zu treffen. Nach Jahren, in denen man es für selbstverständlich hielt, Autorität zu kritisieren, ist es nicht immer leicht, diese selbst auszuüben. Als ich das erste Mal wußte, daß ich jeman-

den rauszuwerfen hatte, schob ich die Angelegenheit schändlich lange vor mir her. Anschließend führte ich das Gespräch so extrem feinfühlig, daß er mein Büro mit der Überzeugung verließ, ich hätte ihm mein vollstes Vertrauen ausgesprochen. Drei Wochen darauf mußte ich wieder von vorn anfangen – dieses Mal mit mehr Erfolg.

Untersucht man die unter diesem Titel vorgestellten Probleme, kann man zu keinem anderen Schluß kommen, als daß gute Chefs, wie hoch sie auch bezahlt sein mögen, ihr Geld wahrscheinlich doch wert sind: Täglich mit schwierigen Entscheidungen konfrontiert, mit Gewißheit immer wieder bei der einen oder anderen Gruppe unbeliebt, ziemlich häufig ohne verläßliche Vertraute – an der Spitze kann es in der Tat recht einsam werden, oder sogar schon auf halbem Weg dorthin.

Die Rolle ausfüllen, die Aufgaben erledigen

Man hat mich gerade erst in die Führungsebene befördert, und ich möchte nicht, daß die Kollegen glauben, ich hielte mich nun für etwas Besseres, wenn ich die Weihnachtsfeier vorzeitig verlasse. Andererseits gehen sie möglicherweise mehr aus sich heraus, sobald ich weg bin. Für mich sind die Benimmregeln ganz neu. Wie verhalte ich mich am besten?

Im Lauf der Jahre – als Sie noch jünger und einfach nur einer von der Truppe waren – müßten Sie, wie zu vermuten ist, beobachtet haben, wie andere neue Direktoren mit dem gleichem Dilemma konfrontiert waren. Wissen Sie noch, wie die das gelöst haben?

Ich wette, Sie können sich nicht daran erinnern – dieser Moment des Übergangs ist nicht annähernd so einschneidend, wie Sie glauben. Weil Ihnen Ihre neue herausgehobene Position derzeit so sehr bewußt ist, stellen Sie sich vor, aller Augen wären auf Sie gerichtet. Nun ja – das sind sie nicht. Natürlich verwenden Sie mit Recht einige Gedanken darauf, doch es wäre falsch (und allzu aufgeblasen), sich darüber ernstlich den Kopf zu zerbrechen.

Prüfen Sie sich anhand der beiden folgenden Extremaussagen: »Ihr müßt nicht glauben, daß ich mich nicht genauso vollaufen lassen kann, nur weil ich jetzt Direktor bin«, und »Ihr werdet sicher einsehen, daß es für jemanden in meiner gehobenen Stellung höchst unziemlich wäre, in irgendeiner Weise ordinär zu werden.« Sie wissen auch ohne mich, daß Sie beide vermeiden müssen.

Vergessen Sie die Etikette, benehmen Sie sich ganz natürlich und versuchen Sie, die Nacht nicht allzu lang werden zu lassen. Damit sollten Sie ohne Schaden nach Hause kommen.

Ein Mitglied meiner Verkaufsmannschaft leitete versehentlich eine E-Mail an mich weiter, die schon im Büro umgelaufen war. Sie enthielt Kommentare von ihm und anderen, wonach ich ein armseliger Teamleiter und im Vergleich zu meinem Vorgänger eine Null sei. Jeder weiß, ich habe die E-Mail erhalten, und alle wissen, daß ich das weiß. Soll ich eine Teamkonferenz einberufen und alles auf den Tisch legen oder weitermachen und so tun, als wäre nichts geschehen?

Um Ihnen eine definitive Antwort auf diese äußerst heikle Frage geben zu können, müßte ich einiges wissen, was mir (und vielleicht auch Ihnen) nicht bekannt ist.

Es ist nun mal, wie es ist. Wieviel Wahres steht Ihrer Meinung nach, wenn Sie so emotionslos wie möglich urteilen, in der E-Mail? Und zweitens: Falls Sie anzuerkennen bereit sind, daß Sie in diesem Job nicht den allerbesten Start hingelegt haben, wie zuversichtlich sind Sie, es mit ein wenig mehr Zeit allen zeigen zu können?

Trauen Sie sich sehr viel zu, dann könnten Sie bald zum Hauptdarsteller in einer der beliebtesten Filmhandlungen werden: Neuer Boß/Kapitän/Schulleiter trifft ein. Er hat einen schlechten Start und wird von seinen widerborstigen Untergebenen, die den hoch geachteten Vorgänger vermissen, nicht unterstützt. Es tritt eine entscheidende Gelegenheit/Gefahr ein, die Untergebenen sind ratlos. Mit einem Geniestreich verblüfft der neue Anführer die Konkurrenten und kriegt alles in den Griff. Das Team ist wie umgewandelt, kauft Blumen/Drinks für den neuen Chef, alle vergießen ein Tränchen.

Anders gesagt, ein schlechter Start kann immer in einen Triumph verwandelt werden. Doch dazu brauchen Sie die Gelegenheit – und das Selbstvertrauen sowie die Fähigkeiten, alles zu Ihrem Vorteil zu nutzen.

Wenn Sie sich für diese Marschroute entscheiden, sollten Sie jede Art von Abrechnung vermeiden: Sie würden sonst nur noch weiter in der Achtung sinken. Auf Vorwürfe oder Argumente werden die nie reagieren – nur auf Leistung. Trauen Sie sich dagegen wenig zu, dann sollten Sie sich wohl eher danach umsehen, anderswo neu anzufangen.

• • • • • •

Vor vier Monaten stellten wir einen »Oxford-Absolventen« mit einem überragenden Lebenslauf ein. Seine Arbeit und seine innere Einstellung sind bis jetzt eindrucksvoll, doch kürzlich lief ich einem seiner ehemaligen Kommilitonen über den Weg, der behauptete, er habe im zweiten Studienjahr abgebrochen. Damit stellt sich mir die Frage, welche Lügen er noch aufgetischt hat. Wie sollen wir damit umgehen?

Klären Sie das möglichst bald, lassen Sie es nicht weiterschwären.

Als erstes müssen Sie die Unterlagen überprüfen. Es wäre eine Katastrophe, wenn Sie auf die Aussage des Kommilitonen hin tätig würden, nur um schließlich feststellen zu müssen, daß dieser falsch lag.

Falls die Akten bestätigen, daß Ihr Neuling gelogen hat, sollten Sie ihn zum Mittagessen einladen – oder jedenfalls mit ihm das Büro verlassen. Ziehen Sie es möglichst gelassen und wenig bedrohlich durch. Sagen Sie ihm, Sie seien sehr angetan von seinem Start. Fragen Sie ihn dann, als sei es reine Neugier, weshalb er glaubte, auf seinem Einstellungsfragebogen lügen zu müssen. Seine Antwort dürfte Ihnen fast sicher alles verraten, was Sie über ihn wissen müssen.

Ich vermute, Sie werden weitgehend beruhigt sein. Doch auch dann sollten Sie es nicht dabei belassen. Erklären Sie ihm, Sie würden ihm einen strikt vertraulichen Brief schreiben, der ohne Kopien an Dritte zu den Akten käme und in dem deutlich formuliert würde, daß er fliegt, wenn er noch einmal beim Lügen erwischt wird. Das mag hart klingen – doch es ist im wohlverstandenen Interesse beider Seiten. Nur so können Sie den Vorfall für sich behalten, ohne verantwortungslos zu handeln.

• • • • • •

Ich habe gerade eine der härtesten Entscheidungen meines Arbeitslebens getroffen und drei Manager der mittleren Führungsebene entlassen. Wie mir meine Sekretärin jetzt erzählte, hat einer von ihnen – er ist 49 und war viele Jahre in der Firma – seiner Frau nichts davon gesagt. Nach allem, was man hört, geht er weiterhin »wie gewohnt« zur Arbeit. Das ist wahrscheinlich nicht mein Problem, doch ich fühle mich dafür verantwortlich. Was kann ich tun?

Es ist vielleicht nicht Ihr Problem, doch Sie haben zu Recht das Gefühl, es nicht einfach ignorieren zu können. Zu delegieren ist es auch nicht – Sie müssen selbst mit dem Mann reden. Da Sie ihn nicht zu Hause anrufen können und sollten, müssen Sie herausfinden, wo er jeden Tag hingeht. Wie es sich anhört, könnte Ihre Sekretärin es wissen.

Dann richten Sie es so ein, daß Sie ihm über den Weg laufen. Falls notwendig (um Ihre Sekretärin zu schützen), müssen Sie vielleicht vorgeben, ihn ganz zufällig zu treffen – falls er Ihnen nicht glaubt, macht das nicht allzuviel aus. Reden Sie nicht viel um den heißen Brei herum: Fragen Sie einfach, ob seine Frau es weiß.

Ich vermute, er bereut sein Täuschungsmanöver bereits, findet aber von Tag zu Tag schwerer einen Ausweg. Wenn er es gleich nach der Entlassung nicht über sich gebracht hat, seiner Frau etwas davon zu sagen, muß es mittlerweile schrecklich viel schwerer sein.

Somit können Sie ihm mit einer neuen Chance, reinen Tisch zu machen, bei weitem am besten helfen. Sagen Sie ihm, Sie würden ihm einen Brief mit dem aktuellen Datum übergeben, in dem Sie so einfühlsam wie möglich erklären, weshalb er entlassen wurde. Formulieren Sie den Brief ebenso sehr mit Rücksicht auf seine Frau wie auf ihn. Weisen Sie ihn ausdrücklich auf die Möglichkeiten der Outplacement-Beratung hin, was Sie schon längst getan haben sollten. Ich weiß, auch das läuft auf eine Täuschung hinaus – doch der Mann muß verzweifelt sein, und es ist an Ihnen, ihm zu helfen. Das kann Ihnen keiner abnehmen.

Kürzlich haben wir eine neue Führungskraft für den Verkauf eingestellt, die mit glänzenden Referenzen des vorherigen Arbeitgebers aufwarten konnte. Das Problem ist nun, daß der Mann seinen Zeugnissen nicht gerecht wird. Ich habe den Verdacht, mit den glänzenden Referenzen sollte ich lediglich dazu gebracht werden, dem vorherigen Arbeitgeber einen eher durchschnittlichen Angestellten abzunehmen. Wäre ich berechtigt, den früheren Arbeitgeber zur Rücknahme seines Angestellten aufzufordern?

Ich nehme an, Sie haben im Lauf der Zeit selbst einige Zeugnisse geschrieben. Sie sollten inzwischen also wirklich wissen, wie diese zu deuten sind. Versuchen Sie stets, die Motive des Verfassers zu erkennen: Es können Mitleid, Schuldgefühle oder – gelegentlich – sogar ein böswilliges Interesse dahinterstecken, einen Konkurrenten zu schwächen. Unter dem Strich läuft das aber auf das gleiche hinaus. In der überwiegenden Mehrheit der Zeugnisse werden die positiven Aussagen zu sehr betont und Kritikpunkte unterschlagen.

Achten sie immer darauf, was nicht angesprochen wird. Kein Wort über Zuverlässigkeit: warum nicht? Lernen Sie, verborgene Botschaften zu entschlüsseln: »Effektive, wenn auch manchmal unkonventionelle Kontaktaufnahme mit Kunden« heißt, er hat ebenso viele Verkaufsgelegenheiten vermasselt wie erfolgreich abgeschlossen.

Ich vermute, Sie fragen nur im Scherz, ob Sie mit Recht darauf bestehen können, daß der frühere Arbeitgeber ihn zurücknimmt. Keine Chance.

Ist er wirklich ein hoffnungsloser Fall, sollten Sie sich

überwinden und es ihm mitteilen – je eher, desto besser für Sie beide. Und wenn er Sie um ein Zeugnis bittet, so kann ich mir vorstellen, daß Sie dieses mit außerordentlicher Gewissenhaftigkeit formulieren werden.

Ich möchte einen Uni-Absolventen als Trainee einstellen und habe einen ganzen Stapel von Bewerbungen vorliegen, die auf dem Papier alle gut aussehen. Es läge nahe, mit jedem Bewerber ein Einstellungsgespräch zu führen, doch ich bin vollkommen überlastet. Ich könnte einen meiner Manager mit der Aufgabe betrauen, doch ich mache mir Sorgen, daß er den falschen wählt. Was kann ich da tun?

So hab' ich's gern. Selten hat eine Problembeschreibung einen klareren Beleg für ihre Ursachen enthalten. Warum sind Sie – Ihrer Meinung nach – völlig überlastet? Könnte das vielleicht einfach damit zu tun haben, daß Sie kein Zutrauen zu den Fähigkeiten Ihrer Manager haben?

Und wer hat die denn, ganz nebenbei, eingestellt? Falls Sie es waren, wieso haben Sie Leute angeheuert, denen Sie nun nicht zutrauen, jemanden einzustellen?

Fassen Sie sich ein Herz – und fangen Sie an, sich selbst beizubringen, wie man vertraut. Sie hassen es, damit zu beginnen, und um Ihre Entschlossenheit zu testen wird der Allmächtige anfangs sicherlich für ein paar Katastrophen sorgen. Ich kann Ihnen aber versprechen, daß es bald besser werden wird.

Was die Uni-Absolventen angeht: Sie sollten Ihre Manager bitten, mit allen ein Einstellungsgespräch zu führen – jeder Kandidat sollte von zwei Vorgesetzten begutachtet werden – und sich auf eine Liste der besten drei zu einigen. Nur mit diesen müssen Sie selbst reden. Dann besprechen Sie gemeinsam mit den leitenden Mitarbeitern, wer der glückliche Gewinner sein soll. Bei einem Unentschieden gibt Ihre Stimme den Ausschlag.

Daraus erwächst ein wichtiger Vorteil: Da die Manager aktiv am Auswahlverfahren beteiligt waren, dürften sie an einem Erfolg dieser Entscheidung interessiert sein.

Nun machen Sie schon. Ich bin sicher, Sie können das. Warum fangen Sie nicht am Montag damit an?

Man hat mich darauf aufmerksam gemacht, daß einige meiner Mitarbeiter sich während der Arbeitszeit Pornos aus dem Internet herunterladen. Ich halte das für ein ernstliches Problem, weiß aber nicht, was ich unternehmen soll. Können Sie mir einen Rat geben?

Ich frage mich, wer Sie darauf aufmerksam gemacht hat. Und ein wenig frage ich mich, was hinter Ihrer Besorgnis steckt. Haben Sie etwas gegen Pornos oder gegen Leute, die ihren Spaß haben wollen, oder gegen Leute, die die Zeit der Firma vergeuden? Versuchen Sie sich darüber klarzuwerden, ehe Sie weitere Schritte unternehmen.

Dieses Thema ist äußerst komplex und wird ständig komplexer. Manche Unternehmen haben Angestellte gefeuert, weil diese sich mit dem firmeneigenen System Pornographie verschafft haben. Andere kontrollieren, welche Web-Sites von den Mitarbeitern besucht werden, und sogar deren E-Mails. Doch Sie müssen umsichtig vorgehen: Möglicherweise mischen Sie sich hier in höchst private Angelegenheiten ein.

Am besten ist es wohl, eine kurze Anweisung zu formulieren, die in die allgemeinen Beschäftigungsrichtlinien aufgenommen wird und den Mißbrauch des Internet zu einem offiziellen Disziplinarvergehen erklärt. Der entscheidende Absatz sollte einfach klarstellen, daß Einrichtungen des Unternehmens ausschließlich zu Firmenzwecken zu verwenden sind. Alle Mitarbeiter mit Internetzugang sollten dies per Unterschrift bestätigen.

Es gibt eine Reihe einschlägiger Kontrollsoftware, deren Eignung hier nicht erörtert werden soll [am besten verwendet man eine Internet-Suchmaschine, um ein passendes Programm zu finden – Anm. d. Ü.]. Alternativ könnten Sie einfach bekanntgeben, daß zur Abwehr von Viren aus dem Internet ab sofort täglich stichprobenartig kontrolliert wird. Man könnte es ein wenig mit der Aufstellung einer ständigen Radarfalle vergleichen, die keinen Film enthält: Sie blitzt überzeugend, schreckt den Missetäter ab und kostet nicht viel.

Ein sehr beliebter Mitarbeiter meines Teams vernachlässigt seine Pflichten. Informell habe ich bereits mit ihm darüber gesprochen, doch ich werde ihn nun wohl abmahnen müssen. Ich mache mir Sorgen, wie das bei den anderen Mitgliedern des Teams ankommt und wie es sich auf meine Autorität auswirkt.

Ich bin sicher, Sie wissen genau, welches Spiel dieser schmierige Charmeur spielt, doch für den Fall, daß Sie es nicht wissen sollten, werde ich es Ihnen sagen.

Er pokert gegen Sie und setzt seine Beliebtheit gegen Ihre Autorität. Ich wette, er hat es schon in der Schule so gemacht. Er war der gutaussehende Typ in der letzten Bank, der die Referendarin in Französisch immer so fertiggemacht hat.

Er liebt es, Sie vor anderen herauszufordern, oder? Und jedesmal, wenn er damit durchkommt und andere merken, daß ihm das gelingt, werden seine Karten besser und Ihre schlechter.

Worauf es hier entscheidend ankommt, ist die Haltung der anderen Mitarbeiter des Teams. Solange es ihm gelingt, Sie aus dem Spiel zu bluffen, werden diese ihn für großartig halten. Ich weiß, die verhalten sich nicht besonders erwachsen, vor allem, weil sie vermutlich unter seiner Faulheit zu leiden haben, doch so sind die Menschen eben. Deshalb ist es an Ihnen, dieses Muster zu durchbrechen.

Und Ihre Position ist weit stärker als die der Referendarin im Französischunterricht. Die konnte ihn nicht rausschmeißen. Sie können das.

Beraten Sie sich mit dem Personalratsvorsitzenden oder Anwalt oder Personalchef. Dann verpassen Sie dem Betreffenden eine schriftliche Abmahnung und nennen eine Frist für die nächste Überprüfung.

Vergessen Sie das mit der Beliebtheit: Das ist sein Spiel. Richten Sie Ihre Autorität wieder auf: Das ist Ihres.

• • • • • •

Einer meiner Manager macht alles auf den letzten Drücker. Ich fürchte, er verbirgt einiges vor mir, was er nicht erledigt hat, und das könnte sich auf mein Geschäft äußerst nachteilig auswirken. Soll ich ihn deswegen zur Rede stellen, und wenn ja, wie? Ich möchte seine Autorität bei den anderen Mitgliedern meines Mitarbeiterstabs nicht untergraben und ihn auch nicht unnötig unter Druck setzen.

Warum, so frage ich mich, sind Sie in diesem Punkt so zaghaft? Falls Sie gute Gründe haben, ihn der wiederholten Unfähigkeit zu verdächtigen, müssen Sie sicherlich etwas unternehmen.

Ich wette, ich weiß die Antwort auf meine Frage. Ich wette, Sie halten sich etwas darauf zugute, eine wirklich freundliche Firma zu leiten, in der es ungezwungen zugeht. Ich wette, Sie reden von familiärer Atmosphäre und davon, daß jedermanns Stimme gleiches Gewicht hat und stets alle Türen offen stehen und jeder selbst entscheiden kann, wann er am Arbeitsplatz anwesend ist, solange die Arbeit erledigt wird. Nun, manches davon ist ganz in Ordnung. Doch das bedeutet auch, daß Sie Hemmungen haben, mit Ihrem Manager ein wirklich vernünftiges Wort zu reden, weil das wie eine »Konfrontation« erscheinen könnte.

Hier liegt das Problem aller lässigen Unternehmenskulturen: Sie können das Führungspersonal allzuleicht davon abhalten, ein Minimum an notwendiger Disziplin durchzusetzen, und andererseits die chronisch Nachlässigen ermutigen, weiterhin alles schleifen zu lassen.

Wenn Sie also kein System regelmäßiger Leistungskontrollen eingerichtet haben, sollten Sie das jetzt nachholen.

Sobald alle Mitarbeiter wissen, daß ihre Leistung, sagen wir, alle sechs Monate, formell bewertet wird, ist es erheblich leichter, eindeutig mit ihnen umzugehen – während man gleichzeitig die vollkommen freundliche Atmosphäre aufrechterhält.

Wenn Sie das System bei allen und absolut regelmäßig anwenden, können Sie Unzufriedenheit früh zu erkennen geben – und das, ohne den Vorgang mit allzuviel persönlicher und unverhältnismäßiger Bedeutung aufzuladen.

Ihr Manager wird künftig vielleicht nicht mehr ganz so erfreut über Sie sein. Doch wenn Sie damit nicht leben können, sollten Sie keine Verantwortung tragen.

Ich leite ein kleines Team in einem Verlag, und wir arbeiten alle sehr hart, um mit begrenzten Mitteln alles zu schaffen, was zu tun ist. Kürzlich haben wir eine sehr begabte Praktikantin eingestellt, die verschiedene Teammitglieder bei unterschiedlichen Projekten unterstützt hat. Nun hat sich die Schwierigkeit ergeben, daß andere im Team sich zurückgesetzt fühlen, weil sie nicht ihnen zugeteilt worden ist. Wir finden nur selten talentierte Freiwillige, die uns im Büro helfen, es besteht also nicht die Möglichkeit, eine weitere Praktikantin einzusetzen. Kann ich irgend etwas tun, um die Spannungen im Büro abzubauen?

Wie es sich anhört, ist hier ein wenig Auflockerung erforderlich. Als Praktikantin wird die junge Frau nicht auf ewig in der Firma bleiben – doch Sie können die Situation sicherlich kurzfristig entschärfen, wenn Sie das einfach anerkennen.

Nächsten Freitagabend (oder wenn es Ihnen passend erscheint) versammeln Sie Ihre Leute und die Praktikantin auf ein Glas Wein um sich und erklären, sie sei so effektiv, hilfreich und produktiv, daß nun jeder ein Stück von ihr wolle, was aber unmöglich sei. Also werde ihre Zeit von nun an auf die einzig gerechte Art und Weise zugeteilt: durch wöchentlichen Losentscheid. Lassen Sie auf der Stelle losen – anschließend gibt es noch ein Glas Wein.

Vergessen Sie nicht, die junge Dame ins Vertrauen zu ziehen, ehe Sie all das ankündigen. Sie dürfte es wahrscheinlich recht schmeichelhaft finden, aber Sie sollten sie nicht damit überraschen.

Vor kurzem hat man mich zum Leiter der Abteilung befördert, der ich zuvor mehrere Jahre als Mitarbeiter angehört hatte, und nun habe ich Probleme, meine Autorität durchzusetzen. Ich weiß, daß ich demnächst einige meiner früheren Kollegen entlassen muß, um den Überhang abzubauen, und diese Aussicht bereitet mir schlaflose Nächte. Ist das vielleicht eine Nummer zu groß für mich?

Jeder, der je intern aufgestiegen ist, war mit diesem Problem konfrontiert. Nur ausgesprochene Widerlinge genießen das, und zu denen gehören Sie eindeutig nicht. Halten Sie sich daran fest, daß es »vor kurzem« geschehen ist, denn es wird Ihnen bald besser gehen. Inzwischen tun Sie zwei Dinge.

Erstens: Versuchen Sie sich vorzustellen, wie es sich für die Kollegen darstellt. Die wissen ganz genau, daß Sie auf Dauer nicht einer von ihnen bleiben können, doch sie werden es Ihnen nicht leicht machen. Warum sollten sie auch – Sie sind derjenige, den man befördert hat. Doch die Kollegen wie auch Sie werden erleichtert sein, wenn die neue Beziehung etabliert ist. Was ganz sicher kommen wird.

Zweitens: Versuchen Sie sich so zu verhalten, als kämen Sie von außen. Urteilen Sie sachlich und nach objektiver Erkenntnis, nicht emotional.

Es wird niemals einfach oder erfreulich sein, Kollegen zu feuern – aber dafür sollten Sie nicht auch noch Sympathie erhoffen. Wie sehr Sie all das auch hassen mögen –

bemessen Sie Ihre Zeit dafür äußerst großzügig. Vielleicht glauben Sie, das erste Gespräch sei das schlimmste, doch das ist nicht der Fall. Die Leute werden rausgehen und miteinander reden, und sie werden einen heben und mit ihrer Familie sprechen und dann denken, wie unfair das alles ist, und dann kocht die Empörung hoch – das ist dann der Augenblick, wo Sie wieder reden müssen. Und wo Sie zuhören müssen ... und zuhören ... und zuhören.

Was immer Sie auch tun, schieben Sie nie die Schuld auf jemanden weiter oben. Tun Sie nicht so, als wäre das nie geschehen, wenn es allein von Ihnen abhinge. Das ist nämlich der schnellste Weg, sowohl alte Freunde als auch neuen Respekt zu verlieren.

Ich habe vor zwei Jahren einen Druckereibetrieb gegründet und benötige dringend ein Darlehen, um mit der schnellen Expansion Schritt halten zu können. Die Banken wollen mir keine weiteren Kredite mehr geben, doch mein Schwiegervater hat mir einen angeboten. Das ist einerseits ein großartiges Angebot, andererseits ist mir nicht wohl bei dem Gedanken, es anzunehmen. Unsere Beziehung war nie besonders gut, und er hat deutlich gemacht, wie verrückt er es fand, daß ich meinen Job in der City aufgab und mich selbständig machte. Ich bin besorgt wegen des möglichen emotionalen Drucks, den er ausüben würde, wenn ich sein Angebot annähme.

Ihr Unbehagen ist absolut angemessen. Wäre da nicht die verständliche Verzweiflung, das Unternehmen über

Wasser zu halten, würden Sie, dessen bin ich mir ziemlich sicher, sein Angebot bereits abgelehnt haben.

Sie brauchen sich nur noch einmal die Fakten vor Augen zu führen, die Sie mir genannt haben. Sie beide verstehen sich nicht gut. Zunächst hat er es mißbilligt, daß Sie sich selbständig machten. Keine Bank will Ihnen weitere Kredite genehmigen, was selbst unter Berücksichtigung der traditionellen Vorsicht von Banken vermutlich heißt, daß Ihre Kapitaldecke schon ziemlich dünn ist. Und zu allem Überfluß sollten Sie davon ausgehen, daß wir uns derzeit in einer wirtschaftlichen Talfahrt befinden, die sehr wohl auch das Druckgewerbe betreffen könnte.

Wo immer ein Darlehen herkommen mag: Es stellt ein Risiko dar. Es wird Sie hart genug treffen, wenn es mit Ihrem Geschäft bergab geht. Doch wenn dabei noch ein nennenswerter Anteil der Ersparnisse Ihres Schwiegervaters verschwindet, gerät Ihre Frau in eine untragbare Position, was Ihrem Unglück einen zweiten Aspekt hinzufügt.

Sie sollten also der Versuchung, die in seinem Angebot liegt, weiterhin widerstehen und es sich aus dem Kopf schlagen. Versuchen Sie es bei anderen Banken – falls Ihr Auftragsbuch wirklich so gut aussieht, sollten Sie eigentlich gute Argumente haben. Sprechen Sie mit konkurrierenden Druckunternehmen, ob es möglich ist, sich zusammenzuschließen oder Kosten zu teilen. Suchen Sie per Anzeige nach einem aktiven oder stillen Teilhaber mit Eigenkapital. Sie müssen nur sicherstellen, daß alles auf streng geschäftlicher Basis abläuft. Und halten Sie Ihre Familie völlig heraus.

Für die Spitzenposition in einer der wichtigsten Abteilungen unseres Unternehmens sind noch zwei Kandidaten übrig. Beide, ein Mann und eine Frau, sind Mitte dreißig und qualifiziert. Ich fürchte, die Frau wird in den nächsten Jahren wahrscheinlich ein Kind bekommen wollen und dafür eine beträchtliche Auszeit fordern. Doch ich bin auch stark daran interessiert, eine Frau zu befördern – in unserer Firma gibt es nur wenige. Wie gehe ich am besten vor?

Jetzt wissen Sie, warum man Ihnen soviel Geld bezahlt. Sie stehen vor einem äußerst schwierigen Problem, das noch verschärft wird, weil es, wen immer sie nehmen, Leute geben wird, die glauben, Sie hätten sich von Vorurteilen leiten lassen. Da dieser Verdacht nicht auszuräumen ist, müssen Sie zumindest vor sich selbst sagen können, daß dies nicht der Fall war. Ich kann Ihnen nur raten, einige Punkte zu überprüfen – und dann auf Gott und Ihren Instinkt zu vertrauen.

Punkt eins: Tun Sie einfach so, als wäre die Frau keine Frau. Damit können Sie die Möglichkeit außer Acht lassen, daß Sie vielleicht einige Babyjahre beansprucht. Welchen der beiden würden Sie dann wählen? Immer noch unentschieden?

Punkt zwei: Vergessen Sie einmal, daß Sie daran interessiert sind, Frauen zu fördern. Wen würden Sie nehmen, wenn Sie bereits eine gleiche Anzahl Männer und Frauen in Führungspositionen hätten?

Punkt drei: Analysieren Sie den jeweiligen Führungsstil der beiden. Verstehen sie es gut, langfristige Ziele zu setzen und die Leute an der langen Leine laufen zu lassen? Oder müssen sie präsent sein, um etwas zu bewirken? Falls Ihre Vermutung, sie wolle ein Kind bekommen, zutrifft, hilft Ihnen das einzuschätzen, wie stark sich eine zeitweilige Abwesenheit, wenn überhaupt, auswirken würde.

Punkt vier: Hören Sie auf, sich über die unmittelbaren Auswirkungen der Entscheidung Gedanken zu machen. Was immer Sie beschließen, wird bei einigen schlecht ankommen, also sollten Sie Ihre Entscheidung nicht von diesen Bedenken beeinflussen lassen. Denken Sie zwei Jahre voraus: Wie erfolgreich wäre die Abteilung unter dem jeweiligen Leiter dann? Allein danach und nach nichts anderem wird man Sie beurteilen.

Inzwischen sollte Ihnen einiges klarer geworden sein. Schon bald werden Sie, ein wenig Glück vorausgesetzt, eines Morgens aufwachen und feststellen, daß Sie durch irgendeinen geheimnisvollen Vorgang eine Entscheidung gefunden haben.

Ein letzter Rat: Sobald Sie entschieden haben, steht Ihnen ein einfaches und ein schwieriges Gespräch bevor. Wenn es darum geht, die schlechte Nachricht zu überbringen, müssen Sie um jeden Preis der Versuchung widerstehen, den Schlag abzuschwächen. Es darf nicht durchklingen, daß es, falls sie ein Mann oder er eine Frau gewesen wäre, ganz leicht hätte anders laufen können. Sie müssen beiden versichern, daß Ihnen allein daran gelegen war, die für die Position am besten geeignete Person auszuwählen. Und das können Sie nur glaubwürdig vermitteln, wenn Sie diese Überzeugung wirklich besitzen.

• • • • • •

Eine meiner Führungskräfte hat mir mitgeteilt, sie habe vor, sich einer kosmetischen Operation zu unterziehen, und gefragt, ob die zwei Tage Krankenhausaufenthalt sowie vierzehn Tage Rekonvaleszenz als Krankheit oder als Urlaub zu betrachten seien. Für eine solche Situation gibt es in unserer Firma keine Regelung! Was halten Sie davon?

Nur Sie werden die Vorgeschichte des oder der Betreffenden kennen. Doch wenn sie (und hier setze ich mich der Gefahr feministischen Zorns aus, aber es ist statistisch einfach wahrscheinlicher, daß es sich um eine Frau handelt) – wenn sie eine gewissenhafte Person ist, die zuvor nicht durch erfundene Geschichten versucht hat, sich vor der Arbeit zu drücken, dann sollten Sie Ihrem Gefühl folgen und es als krankheitsbedingte Fehlzeit einstufen.

Schließlich unterzieht sie sich ja einem chirurgischen Eingriff und wird sicherlich Genesungszeit brauchen. Lediglich die Tatsache, daß sie von sich aus beschlossen hat, sich einem Eingriff zu unterziehen, läßt bei Ihnen so etwas wie Verdacht aufkommen.

An Ihrer Stelle würde ich das Wort »kosmetisch« einfach vergessen. Es schmeckt zu sehr nach Eitelkeit und Frivolität – als würde jemand eine Woche Extraurlaub beantragen, um seine Sonnenbräune aufzufrischen.

Doch wie immer sollten Sie auch die Konsequenzen überdenken. Sie schaffen einen Präzedenzfall – und auch wenn Sie vielleicht niemals mehr eine weitere Anfrage dieser Art erhalten, sollten Sie für sich klären, welche Regelung die Firma ab jetzt einführt.

Urlaub für ein paar Tätowierungen zum Beispiel? Oder für ein Nabel-Piercing?

Für mein Büro gehören Weihnachten und Neujahr zu den betriebsamsten Zeiten, aber die meisten Leute wollen da natürlich frei haben. Wie könnte ich Ihrer Meinung nach am besten festlegen, wer zu arbeiten hat?

Stellen Sie als erstes, falls das noch nicht geschehen ist, fest, wie viele Leute Sie mindestens brauchen. Beachten Sie dabei nicht nur die Gesamtzahl, sondern auch die speziellen Funktionen. So könnten Sie beispielsweise für ein oder zwei Tage ohne reine Verwaltungskräfte auskommen, nicht aber ohne die Leute mit Kundenkontakt.

Dann sollten Sie sich über Ihre eigenen Pläne klar sein. Ich nehme an, Sie selbst arbeiten in diesem Zeitraum sehr gerne. Falls nicht, dürfte Ihr Problem eher noch dringender sein.

Schließlich sollten Sie nicht hoffen, in den paar Tagen viel Geld zu verdienen: Beschließen Sie, daß Ihr Ehrgeiz darauf beschränkt bleibt, Ihre Kunden auf Teufel komm raus zu beeindrucken und im Wettbewerb die Nase vorn zu haben. Sehen Sie es als Investition an – und wappnen Sie sich für die Einsicht, daß es Sie einiges kosten wird.

Sobald Sie sich das klargemacht haben, können Sie Ihre Leute ins Vertrauen ziehen. Teilen Sie ihnen mit, daß Sie das Geschäft offenhalten wollen, daß Sie entschlossen sind, das gut zu machen, und daß im Idealfall niemand gegen seinen Willen arbeiten muß, falls er aus unabweisbaren familiären Gründen daheimbleiben möchte.

Dann fragen Sie, wer freiwillig kommt. Stellen Sie fest, wer absolut gegen diese Arbeit ist und warum. Kalkulieren Sie einen sehr großzügigen Prämientopf ein. Bemühen Sie Ihre Phantasie. Denken Sie nicht nur an die Angestellten, sondern auch an deren Familien. Verteilen Sie beispielsweise nicht nur Geld, sondern auch andere Anreize. Fragen Sie, was die Familien schätzen würden: Etwa ein Frühlingswochenende in Paris für zwei Personen mit Erstattung aller Kosten einschließlich eines Babysitters oder ein Wochenende in einem Center Park für die ganze Familie. Anders gesagt, erleichtern Sie es Ihren Leuten um genau diese Kleinigkeit, mit der unangenehmen Nachricht nach Hause zu kommen.

Das löst vielleicht nicht all Ihre Probleme, aber zumindest sollten so Drohungen, Anweisungen und allgemeiner Unmut zu verringern sein.

Nach dem Tod ihrer Mutter vor etwa vier Monaten hatte meine persönliche Assistentin mehrere Wochen Urlaub. Doch seit sie wieder zurück ist, konzentriert sie sich nicht mehr auf die Arbeit. Es sind peinliche Unterlassungen vorgekommen. Ich möchte ihr Verständnis entgegenbringen, kann es mir als Abteilungsleiter aber nicht leisten, daß sich irgendwelche Katastrophen ereignen. Wir haben uns über ihre Arbeitseinstellung unterhalten, aber sie scheint sich nur aufzuregen oder die Beherrschung zu verlieren. Was könnte ich tun?

Sie tun mir beide aufrichtig leid. Gäbe es für dieses Dilemma eine perfekte (und perfekt menschliche) Lösung, hätten Sie fast sicher selbst daran gedacht – doch die gibt es nicht.

War sie, was zu vermuten ist, früher äußerst effizient und zuverlässig? Falls ja, kann man sicher darauf setzen, daß sie es wieder werden wird, aber dafür Zeit braucht. Wenn man Trauer zu überwinden hat, sind vier Monate keine lange Zeit – auch wenn es Ihnen wahrscheinlich wie eine Ewigkeit vorkommt.

Also müssen Sie jetzt eine kaltherzige Entscheidung treffen: Hören Sie auf, Ihren Betrieb in Gefahr zu bringen. Sollte sich eine ihrer »peinlichen Unterlassungen« als katastrophal herausstellen, wäre das nicht nur für Sie und all die anderen Angestellten eine schlechte Nachricht. Es wäre auch unendlich viel schwerer, künftig das Vertrauen zu ihr wieder herzustellen. Ich kann Ihnen versichern: Sie sollten im Interesse dieser Dame wie auch in Ihrem eigenen dafür sorgen, daß sie dieser Gefahr nicht ausgesetzt wird. Von jetzt an sollten Sie Ihre ganze Energie und Vorstellungskraft nicht mehr darauf verwenden, was zu tun ist, sondern wie es zu tun ist.

Falls Sie Mitglieder ihrer Familie kennen, müssen Sie mit diesen sprechen. Dort dürfte man ebenfalls Veränderungen wahrgenommen haben – und man wird sehr viel eher verständnisvoll und hilfreich sein, wenn Sie die Lage unverblümt schildern.

Dann reden Sie mit ihr. Dieses Mal halten Sie sich nicht bei ihren Versäumnissen auf: Sie würde nur wieder in Tränen ausbrechen und in Abwehrstellung gehen. Sagen Sie ihr, Sie würden sie so sehr schätzen, daß Sie sie – bei gleichem Gehalt – in eine weniger anspruchsvolle Position versetzen, bis sie sich gefangen hat. Stellen Sie so diplomatisch wie möglich klar, daß diese Entscheidung unumstößlich ist.

Dies ist, dessen bin ich mir bewußt, ein kostspieliger Vorschlag. Doch wenn Sie sie wirklich schätzen, ist das sicherlich seinen Preis wert. Wenn nicht, steht Ihnen allerdings eine weit unangenehmere Situation bevor.

• • • • • •

Ich habe zehn junge Leute in Ausbildung, aber nur sieben Jobs. Sechs davon sind klare Anwärter. Von den verbleibenden vier ist einer schwarz. Auch wenn es in meiner Firma keine klaren Richtlinien für eine bevorzugte Behandlung von Minderheiten gibt und dieser Auszubildende nicht besser (möglicherweise sogar etwas weniger qualifiziert) ist, bin ich geneigt, ihm ein Angebot zu machen. Ist das korrekt?

Wie groß, frage ich mich, ist der Abstand zwischen den sechs festen Anwärtern und den übrigen vier? Die Frage stellt sich mir, weil es ja möglich wäre, daß Sie, falls die Kluft groß ist, keinen von denen übernehmen, sondern lieber außerhalb jemanden suchen sollten, der den siebten Platz einnimmt.

Sind Sie immer noch überzeugt, daß es zu verantworten wäre, einen der vier zu übernehmen, dann liegen Sie, glaube ich, mit Ihrem Gefühl richtig. Wie sehr Sie oder er es auch anders wünschen mögen, der schwarze Kandidat würde es – bei ansonsten völlig gleichen Voraussetzungen – fast sicher erheblich schwerer haben, einen anderen Job zu finden. Einer von nur drei Abgelehnten zu sein, würde für ihn eine weit schlimmere Erfahrung darstellen als für die anderen beiden. Doch Sie sollten wirklich möglichst sicher sein, daß er eine reelle Chance hat, seine Sache gut zu machen. Sie tun ihm keinen Gefallen, wenn Sie ihn auffordern, einen Job zu übernehmen, während Sie an seinen entsprechenden Fähigkeiten zweifeln.

Für Angehörige von Minderheiten ist es doppelt grausam, wenn sie scheitern. Wenn ein weißer Mann aus der Mittelklasse es nicht packt, ist das Leben eben so. Wenn aber ein Schwarzer (oder eine Frau) es nicht schafft, bestätigt das die Heuchler in ihren Ansichten über eine ganze Gruppe. Gehen Sie mit diesem Mann also bitte sehr rücksichtsvoll um.

Die Finanzchefin meiner Firma hat erhebliche Summen aus der Portokasse entwendet. Ich habe Beweise, daß sie es war, bin aber nicht sicher, wie ich mit der Situation umgehen soll. Ich kann sie sogar ein Stück weit verstehen – sie muß zwei Kinder allein durchbringen und kämpft mit hohen Schulden, die ihr von ihrem Ex-Mann zurückgelassen wurden. Ihren Job macht sie ganz ausgezeichnet, sie paßt auch sehr gut zum übrigen Team, und ich bin nicht sicher, ob ich sie verlieren will.

Sie haben Beweise, daß eine Führungskraft in einer Vertrauensstellung kriminell ist, und behalten es dennoch für sich. Damit machen Sie sich der Beihilfe schuldig. Früher oder später wird ein anderer ihr auf die Schliche kommen – einer ihrer Mitarbeiter, ein Prüfer, ein anderer Direktor. Sie sind vielleicht davon überzeugt, sie zu schützen, doch in Wahrheit setzen Sie sie der allergrößten Gefahr aus. Sobald das Vergehen öffentlich bekannt wird, muß sie gefeuert werden. Und für eine Finanzchefin, die zudem alleinerziehende Mutter mit hohen Schulden ist, würden die Folgen ziemlich entsetzlich sein. Ihre einzige Hoffnung auf eine gleichwertige Stelle wäre dann nur durch Lügen zu erfüllen.

Folglich ist die Entscheidung, etwas zu unternehmen, der leichtere Teil: Sie haben keine Wahl. Herauszufinden, was Sie dann genau tun sollen, ist schwieriger.

Legen Sie zunächst fest, welches Ergebnis Sie im Idealfall erwarten. Es hört sich an, als würden Sie sie gern behalten – doch das ist nur möglich, wenn sie das Geld zurückzahlt und anschließend ehrlich bleibt.

Wählen Sie einen Freitagnachmittag: Sie wird das Wochenende brauchen, um nachzudenken. Sagen Sie ihr, Sie wüßten alles, sagen Sie ihr, Sie würden sie schätzen, sagen Sie ihr, Sie würden ihr vertrauen, sagen Sie ihr, Sie wollten, daß sie bleibt. Falls Sie glauben, sie würde es verdienen, können Sie ihre Bezahlung ein wenig anheben. Bieten Sie rechtliche Unterstützung an: Sie sollte mehr Hilfe von ihrem Ex-Mann erhalten. Legen Sie ihr einen Plan zur langfristigen Abzahlung vor. Und stellen Sie eindeutig klar, daß sie keine zweite Chance bekommen wird.

Halten Sie alles schriftlich fest, vertrauen Sie es zumindest einem Ihrer Kollegen in der Geschäftsleitung an (am besten dem Vorsitzenden), hinterlegen Sie die Briefe bei Ihrem Anwalt – und hoffen Sie.

Falls später alles herauskommt – und Sie sollten davon ausgehen, daß dies geschieht –, werden Sie als jemand dastehen, der sowohl einfühlsam als auch verantwortungsvoll gehandelt hat. Aber ich bitte Sie, bald etwas zu unternehmen.

• • • • • •

Schon seit einiger Zeit ist es offensichtlich, daß zwei meiner Angestellten überhaupt nicht miteinander auskommen und einer sich häufig sehr über den anderen aufregt. Ich möchte keinen der beiden als Angestellten verlieren, doch ich bin nicht sicher, wie ich mit der Situation umgehen soll.

Versuchen Sie es einmal so: Bringen Sie die beiden zusammen – vielleicht bei einem Bier oder einem Essen – und fordern Sie sie auf, die Angelegenheit selbst beizulegen.

Ziehen Sie keinen vor. Versuchen Sie nicht, Tadel zu äußern oder gar eine Lösung vorzuschlagen. Bemühen Sie sich nicht, den Knackpunkt herauszuarbeiten. Erklären Sie einfach, es sei für alle offensichtlich, daß es zwischen den beiden zu Reibereien kommt, daß dies ihre Arbeit beeinträchtigt, daß Sie beide schätzen, und daß Sie ihnen als intelligenten Menschen zutrauen, das Problem vernünftig zu lösen. Geben Sie ihnen einen Monat Zeit, sich wieder bei Ihnen zu melden. Widerstehen Sie der Versuchung, hinzuzufügen: »Ansonsten werde ich die Sache selbst in die Hand nehmen müssen«. Wenn die beiden halbwegs bei Verstand sind, wissen sie das ohnehin.

Es ist erstaunlich, wie oft dieses schlichte Verfahren wirkt. Es hört sich vielleicht riskant an, ist es aber nicht.

Falls es scheitern sollte – wenn einer sich als unwillig und unkooperativ erweist und darauf besteht, daß der Fehler allein beim anderen liege –, dann wissen Sie schon weit besser, was Sie zu tun haben.

Doch es besteht eine gute Chance, daß die Herausforderung, die Sache selbst regeln zu können, für beide einen Anreiz darstellt. Wer weiß das schon: Vielleicht schaffen sie es sogar, einander zu respektieren.

Wie man den Chef lenkt

Mein Boss hat seine Tochter eingestellt, die als meine Stellvertreterin arbeitet. Sie erfüllt ihre Aufgabe nicht gut und verfügt mit ihren 23 Jahren weder über die einschlägige Erfahrung noch über spezielle Qualifikationen für das, was sie zu tun hat. Ihr Gehalt ist für jemanden ihres Alters absurd hoch, und es ist aus meinem Budget zu bezahlen. Zu allem Überfluß muß ich ständig alles stehen und liegen lassen, um ihre Probleme mit den jeweils aktuellen Tätigkeiten auf die Reihe zu kriegen. Sollte ich mit meinem Boß darüber reden?

Hat ihr Chef seinerseits einen Vorgesetzten oder ist er auch der Inhaber der Firma? Denn so, wie Sie es schildern, scheint es eines dieser kuscheligen kleinen Arrangements zu sein, die in Familienbetrieben so beliebt sind: Nett und schnuckelig, wenn man zur Familie gehört, ein möglicher Alptraum, wenn nicht. Demnach kommt es mir wahrscheinlich vor, daß das Problem mit der Tochter ganz und gar kein Tochterproblem ist, sondern Symptom für ein anderes, weit größeres Problem – eines, vor dem Sie sich möglicherweise zu drücken versucht haben.

Die Unternehmen, ob groß oder klein, für die es sich am besten arbeitet, strahlen einen starken und unausgesprochenen Sinn für Unparteilichkeit aus. Es gibt nur eine Sammlung von Regeln, die für alle gelten. Verdienste und Beiträge werden ohne Ansehen der Person in gleichem Maße anerkannt. Keine Günstlingswirtschaft, keine inneren Zirkel, keine Spezis, keine Cliquen. Wie durch ein Wunder gelingt es manchen Familienbetrieben, diese anspruchsvollen Standards einzuhalten, doch bei vielen ist das anders. Dort lauert in den nicht zur Familie gehörigen Mitarbeitern ständig der Verdacht, man würde möglicherweise nicht mit gleichem Maß gemessen. Der Einfall Ihres Chefs, Ihnen und Ihrem Budget seine Tochter aufzunötigen, dürfte Sie in diesem Verdacht sicherlich bestärkt haben. Der wird bei Ihnen von nun an selbst in die kleinsten Unzufriedenheiten einsickern – und Sie nicht mehr verlassen.

Deshalb müssen Sie, wie ich fürchte, sich mit dem Gedanken an einen Wechsel vertraut machen. Sobald diese Entscheidung steht (und Sie sollten sicher sein, daß es eine *Entscheidung* ist, nicht nur eine verwässerte Art, versuchsweise mit einer möglichen Option für die Zukunft zu spielen), gehen Sie zu Ihrem Boß und sagen ihm, daß Sie vorhätten, die Firma zu verlassen, und auch den genauen Grund. Machen Sie die Begründung nicht speziell an der Tochter fest. Das würde zu kleinlich klingen und trifft übrigens auch nicht zu. Zeichnen Sie das wahrhaftigere, umfassendere Bild.

Falls er seine Politik je ändern sollte, dann ist das seine Chance. Doch ich bezweifle, daß er sie nutzt.

Mein Boß leiht sich ständig Geld von mir (hier zwei Euro, dort einen Fünfer), weil er »nicht zur Bank gekommen ist« oder zum Mittagessen in der Kneipe »seine Geldbörse im Büro vergessen hat«. Dann vergißt er, es zurückzuzahlen. Ich möchte ihn nicht gegen mich aufbringen, habe aber das Gefühl, etwas sagen zu müssen – nur was?

Ich habe schon lange nicht mehr gehört, daß jemand sich ein oder fünf Euro leiht. Was könnte man mit einem Euro anfangen, frage ich mich? Wer sich ernstlich etwas leihen will, fängt normalerweise nicht unter einem Zehner an – vielleicht müssen Sie ja sogar halbwegs dankbar sein.

Aber das läppert sich natürlich trotzdem, und ich sehe sehr wohl, weshalb Sie ein wenig ungehalten sind. Wie es sich anhört, schieben Sie es auch nicht einfach auf Vergeßlichkeit – und Vorgesetzte, die fortwährend geliehenes Geld nicht an Untergebene zurückzahlen, das riecht doch sehr nach der übelsten Art von Machtmißbrauch.

Alles, was mir für die Erstellung einer Charakterskizze Ihres Chefs vorliegt, zeigt einen Mann, der von seinen Untergebenen beleidigend kleine Summen borgt und dann beschließt, diese nicht zurückzuzahlen. Das läßt mich fragen, ob Sie ihn nicht gegen einen anderen tauschen sollten.

Falls er sich jedoch einiger versöhnlicher Eigenschaften erfreuen sollte, Sie also vielleicht gut ausbildet und Ihnen Anleitung und Unterstützung bietet, dann haben Sie die Wahl. Sie können die Darlehen als eine Art Lehrgeld betrachten – als Kosten für eine anständige Ausbildung, die sich später einmal auszahlen werden. Anders gesagt, rücken Sie weiterhin mit dem Zaster raus, aber hören Sie auf, eine Rückzahlung zu erwarten. Oder legen Sie sich ein Notizbuch zu.

Lassen Sie alle wissen, daß Sie ein Notizbuch führen. Nutzen Sie es, um Telefonnummern, lustige Anekdoten und kleine Wetten festzuhalten – und verliehenes Geld. Wenn er Sie das nächste Mal um einen Fünfer angeht, ziehen Sie das Buch heraus und tragen Datum und Betrag ein, ehe Sie den Schein übergeben. Dann warten Sie bis zum Monatsende und schicken ihm eine detaillierte Abrechnung. Wenn ich jedoch an Ihrer Stelle wäre, würde ich mich für die Version Lehrgeld entscheiden.

Auf wessen Seite stehe ich? Loyalitätskonflikte

Man kann immer erkennen, wenn ein Unternehmen schlecht geführt wird oder anderweitig schwieriges Gelände zu durchqueren hat. Jede Wettbewerbsorientierung wendet sich, anstatt nach außen zu wirken, nach innen. Es entstehen Interessenklüngel. Arbeitszufriedenheit leitet sich nicht länger daraus ab, daß man Marktkonkurrenten das Fürchten lehrt, sondern daraus, daß man einem rivalisierenden Clanführer im Vorübergehen eins auswischen kann.

Solche Revierkämpfe führen unter anderem zwangsläufig dazu, daß Mitarbeiter – und oft die einigermaßen bescheidenen unter ihnen – sich hoffnungslos verstricken und in entgegengesetzte Richtungen gezerrt sehen. Wenn von einem oder mehreren höheren Vorgesetzten unvereinbare Forderungen nach ungeteilter Gefolgschaft gestellt werden, kann der Druck auf einzelne Personen unerträglich werden. Ist kein Boß da, an den man sich wenden könnte – weil der Boß fast sicher einer der Clanführer ist —, beschließen gute Leute häufig, die Firma ganz zu verlassen. Das hält die Abwärtsspirale weiter in Gang.

Ebenfalls sehr verbreitet ist der Konflikt zwischen der Loyalität gegenüber Freunden und der für die Firma. Auf der alltäglichen Ebene ist das selten ein Problem:

Wenn eine mit dem Damenkränzchen bis zum Morgengrauen versackt, springt die Freundin für sie ein. Selbstverständlich.

Was aber machen Sie – und wahrscheinlich schleicht sich so etwas fast unmerklich ein –, wenn Sie merken, daß die gelegentlichen Ausfälle zur Gewohnheit geworden sind? Damit ist erheblich schwerer umzugehen. Wenn Sie halbwegs wie ein Mensch fühlen, werden Sie versucht sein, alles hinauszuschieben und gar nichts zu unternehmen, weil – irgendwie und eines nahen Tages – sich alles von selbst lösen wird. Doch das wird es, wie ich fürchte, nicht tun. Wahrscheinlicher wird Ihnen das Problem einmal um die Ohren fliegen.

Mein Chef hat ein Alkoholproblem, und ich muß ihn in zunehmendem Ausmaß decken. Ich möchte nicht illoyal sein, finde die Situation aber schwierig und mache mir Sorgen, daß die Lügen, die ich ständig zu seinen Gunsten erzähle, irgendwie auf mich zurückfallen werden.

Kollegen zu decken, gehört zu den großen und erquicklichen Seiten der Zusammengehörigkeit. Wir haben es in der Schule praktiziert, um die Lehrer zu foppen – und am Arbeitsplatz tun wir es bereitwillig, um Solidarität und Freundschaft zu bekunden. Das geht immer dann daneben – und bei Ihnen ist das sicherlich der Fall –, wenn es zur Gewohnheit wird.

Es ist eine Sache, die gelegentlich überzogene Mittagspause zu decken. Etwas ganz anderes ist es aber, fortdauernde Leistungsschwächen zu verschleiern. Überdies kommt irgendwann der Punkt – den Sie erreicht haben –, an dem Sie keinem mehr einen Gefallen tun, nicht einmal Ihrem Boß.

Zunächst sollten Sie also beschließen, daß die Lügen ein Ende haben müssen. Dann können Sie darüber nachdenken, wie das geht. Ich bin sicher, Sie müssen als erstes mit ihm zu reden versuchen. Das wird sicherlich schwierig und funktioniert vielleicht nicht. Doch wenn Sie es nicht versuchen, wird er Ihnen nie verzeihen, und möglicherweise zu Recht. Machen Sie ihm klar, weshalb Sie aufhören müssen, ihn zu decken.

Danach sind Sie das, was Sie als illoyal bezeichnen, doch damit sind Sie zu hart zu sich selbst. Es ist keineswegs illoyal, jemanden aufzuhalten, der dabei ist, sein Leben zu ruinieren. Verwechseln Sie es nicht mit Verpetzen – das ist es nicht.

Mit wem Sie dann reden, hängt davon ab, wer verfügbar ist, wen Sie am besten kennen und wem Sie vertrauen. Dem Personalchef? Dem Betriebsarzt? Einem engen Freund des Betreffenden? Seiner Familie? In jedem Fall müssen Sie mit jemandem sprechen – und was wichtiger ist, es muß jemand sein, an den Sie die Verantwortung angemessen abgeben können.

• • • • • •

Ich bin Geschäftsführer eines schnell wachsenden Unternehmens, das kürzlich von einem Multi übernommen wurde. Unsere neue Muttergesellschaft hat uns angewiesen, ihre zu den »Großen Sechs« gehörende Beratungsfirma zu konsultieren und nicht mehr unser derzeitiges Unternehmen, das uns über Jahre hinweg gute Dienste geleistet hat und uns während der Übernahme eine große Hilfe war. Unsere Muttergesellschaft hat deren Arbeit gelobt, will aber alles vereinheitlichen. Ich bin damit nicht glücklich, sehe aber nicht, wie ich es einfach ablehnen könnte.

Ihre Frage wird einer Vielzahl ausgezeichneter Wirtschaftsberatungsfirmen, die zufällig nicht zu den Großen Sechs gehören, auf deprimierende Weise vertraut vorkommen. Und, was das angeht, auch noch Tausenden anderer Dienstleistungsunternehmen, deren langfristige und geschätzte Kunden sich plötzlich den Anweisungen neuer Firmenherren gegenübersehen, all das zu vereinheitlichen, zu harmonisieren und zu rationalisieren – kurz: abzuwickeln –, was bis dahin ganz und gar zufriedenstellende Geschäftsbeziehungen gewesen waren.

Diese Aufgabe zerreißt einen, und sie schließt oft jene ein, die als Berater auch zu Freunden geworden sind. Außerdem ist äußerst schwierig zu erkennen, wo gesunder Geschäftssinn endet und Sentimentalität um sich greift.

Sie haben vollkommen recht, die Freiheit in Frage zu stellen, Sie könnten einfach nein sagen. Das können Sie nämlich nicht. Ein großer Anteil der (häufig unzutreffenden) Begründungen für eine Übernahme kreist um Zentralisierung und Kostenreduzierung. Und es gibt vernünftige und starke Gründe für einen Konzern, seine Bilanzen von einer einzigen Firma prüfen zu lassen.

Es gibt nur zwei Ansätze, es zu versuchen. Mit diesen könnten Sie – ganz legitim – zumindest einen Teil der Geschäftsbeziehung zu Ihrer bisherigen Firma erhalten. Falls deren Dienstleistung irgendein Element enthält, das speziell für Ihren Sektor oder Ihre Region gilt – und *ausschließlich* dafür –, dann können Sie mit Recht die geschäftliche Begründung anführen, sich lokale Kenntnisse und einschlägige Erfahrung erhalten zu wollen.

Dem können Sie überdies den Reiz einer Vergleichsmöglichkeit hinzufügen. Wie überzeugend die Argumente für einen nahtlosen, weltweiten Einsatz der Armeen dieser Mega-Firma auch sein mögen: Selbst der mächtigste Konzernlenker kann es nicht leiden, dem Monopol eines einzigen Anbieters ausgeliefert zu sein. Die Chance, ein wenig zu vergleichen, sei es auch nur im kleinen Maßstab, kann oft als kostengünstiger Weg betrachtet werden, die Mega-Firma auf dem Teppich bleiben zu lassen.

Sie können es jedenfalls versuchen. Ihre aktuelle Firma wird Ihnen sicherlich dankbar sein. Falls deren wichtigster Teilhaber jedoch auch noch der Pate Ihrer Tochter ist, sollten Sie auf der Stelle ein betrübtes Lebewohl sagen. Die neue Muttergesellschaft wird Ihnen Ihre lauteren Motive nämlich nie abnehmen.

Ich bin intern befördert worden, und mein neuer Boß möchte, daß ich sofort anfange. Doch ich benötige zumindest noch einen Monat, um in meiner bisherigen Position einiges abzuschließen. Mein bisheriger Vorgesetzter würde es ebenfalls lieber sehen, wenn ich bliebe und die Angelegenheiten abschlösse, ehe ich umziehe. Ich möchte es mit keinem der beiden verderben, wie verhalte ich mich also am besten?

Das könnte ein großes Problem für Ihr Wohlbefinden werden – aber Sie müssen, zumindest für einen Monat, Ihre bevorzugten Arbeitsabläufe aufgeben und versuchen, das Unmögliche möglich zu machen.

Da Sie »zumindest noch einen Monat benötigen, um einiges abzuschließen«, ist klar, daß Sie gewissenhaft und daran gewöhnt sind, die Dinge ordentlich zu erledigen. Wenn Sie den derzeitigen Job schließlich hinter sich lassen und sich völlig der neuen Aufgabe widmen, können Sie jederzeit zu diesem methodischen Arbeitsstil zurückkehren. Doch für den Augenblick müssen Sie wohl zwei Vollzeit-Jobs durchziehen, um beide Chefs ganz zufriedenzustellen. Und das können Sie auch.

Dabei werden Privatleben, Schlaf, das Gefühl der Selbstbestimmung und Ihre Verdauung zum Teufel gehen. Sie werden ausgetüftelte Verfahren erfinden müssen, um alles zu erledigen, und kleine Zeitfenster auftun, von deren Existenz Sie bisher keine Ahnung hatten. Ihre Abende und Wochenenden werden schmerzlich besetzt sein, und Sie werden sich der steifen Mißbilligung Ihrer Freunde und Ihrer Lieben gegenübersehen.

Doch es ist ja nur für einen Monat. Sie werden über die eigene Leistungsfähigkeit staunen, und Sie werden mit sich selbst äußerst zufrieden sein, wenn Sie alles durchgezogen haben.

Kürzlich habe ich einen Bekannten für eine freie Stelle bei uns empfohlen und mich gefreut, als man ihm den Job gab. Doch inzwischen bereue ich zutiefst, ihn vorgeschlagen zu haben. Er ist unzuverlässig, quatscht den Boß großspurig an und geht grob mit den Kollegen um. Deren Kommentaren entnehme ich, daß sie mich für diese Empfehlung verantwortlich machen und meinen, ich solle etwas zu ihm sagen. Ich glaube, für diese Art von Auseinandersetzung kenne ich ihn nicht gut genug, habe aber den Eindruck, etwas unternehmen zu müssen.

Ich möchte ja kein Salz in die Wunde reiben, doch für den Fall, daß Sie jemals wieder versucht sein sollten, noch einmal genauso idiotisch zu handeln, sollten Sie sich besser genau vor Augen halten, was Sie dieses Mal getan haben. Sie empfahlen einen Bekannten – einen *Bekannten*! – für einen Job in der eigenen Firma, und noch nicht einmal einen guten Bekannten, sondern jemanden, den Sie Ihren eigenen Worten zufolge nicht gut genug kennen, um ein ernstes Wort mit ihm zu reden.

Was, so frage ich mich, haben Sie sich dabei gedacht? Für mich hört es sich so an, als seien Sie eher zu ängstlich, um beliebt sein zu können, und jetzt erfahren Sie die unvermeidliche, ironische Konsequenz daraus: die extreme Mißbilligung durch Ihre Kollegen. Tut mir leid, doch es mußte gesagt werden. Nun können wir uns ein Stück Wiedergutmachung vornehmen.

Die beste Aussicht wäre, daß Ihr flegelhafter Bekannter selbst dafür sorgt, baldmöglichst hinausgeworfen zu werden. Ihrer Schilderung zufolge ist er schon dabei, dieses Ziel mit Geschick und Entschlossenheit anzusteuern. Die einzig gute Botschaft in Ihrem Brief lautet, daß er unzuverlässig ist und beim Chef große Töne spuckt. Möge es ihm lang erhalten bleiben.

Doch Sie müssen mit ihm reden. Ich denke da nicht an eine lange Litanei seiner Fehler und Mängel, verbunden mit einem leidenschaftlichen Appell, sich zu ändern: Das würde nichts bringen, und außerdem wollen Sie das ja gar nicht. Sagen Sie ihm einfach möglichst knapp, daß Sie mittlerweile bedauern, ihn empfohlen zu haben, und er nicht länger davon ausgehen kann, sich Ihrer Unterstützung zu erfreuen. Vermeiden Sie, wenn möglich, irgendwie ins Detail zu gehen.

Der nächste Schritt ist heikler. Aber Sie müssen, ohne

dabei als hinterhältiger Verräter rüberzukommen, irgendwie dafür sorgen, daß Ihr Boß weiß, was Sie inzwischen denken. Ich schlage einen kurzen Brief vor, in dem Sie nichts weiter mitteilen als: »Sie sollten wissen, daß ich [*dem flegelhaften Bekannten*] gestern gesagt habe, ich würde es mittlerweile bedauern, ihn empfohlen zu haben.«

Selbstverständlich sind, je früher er gefeuert wird, entsprechend weniger rechtliche Probleme zu erwarten: Trödeln Sie also nicht lange.

• • • • • •

Ich habe vor zehn Jahren meine eigene Firma gegründet. Inzwischen beschäftige ich sechzig Leute und möchte meine Arbeitszeit verringern. Wie kann man zu Teilzeit übergehen, ohne daß die Firma darunter leidet?

Am schlimmsten wäre es, wenn Sie versuchen würden, Ihre Arbeitsstunden zu reduzieren, ohne Ihre Rolle neu zu bestimmen.

Sie haben eine eigene Firma gegründet – und die sehen Sie eindeutig immer noch als die Ihre an. Sie verwenden die erste Person Einzahl und sagen: »Ich beschäftige sechzig Leute.« Wie es scheint, wollen Sie sich dieses Gefühl von Selbstbestimmung und Eigentum erhalten – während Sie mehr Zeit für sich selbst wünschen. Nun, vielleicht sind Sie dazu imstande, doch das ist äußerst schwierig und kann gegenüber den anderen in der Firma sehr unfair sein. Und falls die es so sehen, wird sicherlich das Geschäft darunter leiden.

Aus der Art, wie Sie die Frage stellen, entnehme ich, daß Sie noch keinen der sechzig Leute dazu eingeladen haben, einen Anteil der Firma zu übernehmen. In diesem Fall ist es an der Zeit, auch über dieses Thema nachzudenken.

Bleiben Sie für ein paar Tage fern (vielleicht mit einem befreundeten Berater von außen) und arbeiten Sie aus, wie der Laden Ihrer Vorstellung nach laufen sollte. Dabei ist von einer unabdingbaren Voraussetzung auszugehen: *Die Planung muß auf der Annahme beruhen, Sie hätten die Firma ganz verlassen.*

Gibt es derzeit eine geborene Führungspersönlichkeit in der Firma? Beachten Sie: Ich rede von einer *geborenen Führungspersönlichkeit*, nicht von einem *geborenen Nachfolger für Sie.* Firmenleiter der ersten Generation sind anerkannt schlecht bei der Auswahl von Nachfolgern, nicht zuletzt deshalb, weil die erforderlichen Eigenschaften so unterschiedlich sind. Sie brauchen eine gute Führungsperson – nicht einen blassen Abklatsch von Ihnen.

Falls Sie intern nicht über ein solches Talent verfügen, sollten Sie anerkennen, daß Sie sich anderswo umsehen müssen. Widerstehen Sie um jeden Preis der Versuchung, sich zu sagen: »Na schön, das könnte ich selbst übernehmen – zumindest im Moment.« Halten Sie sich an die Regel: Diese Firma muß erfolgreich weitergeführt werden – *ohne jeden Beitrag von Ihnen.*

Können Sie keine geeignete Persönlichkeit ausfindig machen, dann müssen Sie jeden Gedanken an Erleichterungen aufgeben, bis Sie eine haben. Sie sollten sich dafür jedoch eine Frist setzen – und sich daran halten, denn sonst wird sich das endlos hinziehen.

Haben Sie den Gesuchten gefunden, dann ziehen Sie ihn ins Vertrauen. Zunächst sollten Sie ihm einen Anteil der Firma übertragen. Das mag Ihnen schmerzlich erscheinen, ist aber der einzige Weg. Dann gehen Sie gemeinsam Ihre Pläne durch und prüfen, ob Sie sich einig sind.

Erst dann sollten Sie dem neuen Leiter sagen: »Gut. Sie machen das. Ich würde mich freuen, ein paar Stunden wöchentlich vorbeizuschauen – aber gefordert sind Sie. Sie müßten entscheiden, wo ich mich nützlich machen kann.«

Und falls es Ihnen viel zu quälend vorkommt, all das zu überdenken, sollten Sie wahrscheinlich noch ein wenig mit vollem Einsatz weitermachen.

Ich muß die Hilfe eines Unternehmensberaters in Anspruch nehmen. Es gibt einen Kandidaten, der dafür am besten geeignet ist, doch für den Ergebnisbericht wäre dann ein Freund von mir zuständig. Da ich stets der Meinung war, eine Zusammenarbeit mit Freunden sei besser zu vermeiden, bin ich nicht sicher, ob ich ihn bitten soll, die Aufgabe zu übernehmen.

Mit dem besten Kandidaten meinen Sie sicherlich eine Firma. Und wenn diese tatsächlich am besten geeignet ist, sollte dort eigentlich mehr als eine Person dafür qualifiziert sein, Ihren Abschlußbericht zu übernehmen. Einzelkämpfer sind eine vertrackte Angelegenheit, und wenn der auch noch ein Freund ist, gilt das gleich doppelt.

Es ist nicht immer leicht, von einer Beratungsfirma genau die Arbeit geliefert zu bekommen, die man erwartet. Vielleicht kommt sie Ihnen zu langsam vor, dort wiederum meint man möglicherweise, Sie seien nicht wagemutig genug. Fristen kommen näher und verstreichen, wilde Dispute über subjektive Bewertungen sind zu erwarten, Tränen und Wutanfälle sind nicht unbekannt. Es kann durchaus einmal sein, daß Sie Ihr Unternehmen prüfen lassen müssen. Ihr Gefühl ist also richtig: Sie werden es sehr viel leichter finden, all das durchzustehen, wenn Sie und der Berichterstatter in einer angenehmen, aber ausschließlich beruflichen Beziehung zueinander stehen.

Dennoch kann auch Ihr Freund nützlich sein. Erklären Sie ihm Ihre Gründe – dann setzen Sie ihn als inoffiziellen »Schiedsrichter« für das Verhältnis Beratungsfirma/Klient ein. Fragen Sie um Rat, wenn Sie nicht wissen, ob Sie besser Peitsche oder Zuckerbrot wählen sollen. Auf diese Weise kann Ihre Freundschaft, selbst wenn Sie schließlich gezwungen sind, den Betrieb umzukrempeln, überdauern.

Ich gehöre zum Aufsichtsrat einer kleinen Einzelhandelsgruppe, die finanziell einen steinigen Weg zurückzulegen hat. Der Geschäftsführer, den ich gut kenne, vertraute mir kürzlich an, er leide an Depressionen und sehe sich nach einer medizinischen Behandlung um. Ich schaue dem schon seit vier Wochen zu, doch seine Leistung im Betrieb ist nach wie vor merklich vom Normalwert entfernt, während die Firma eine kritische Phase durchläuft. Soll ich vorschlagen, daß besser ein anderer die Aufgabe als Direktor wahrnimmt, zumindest bis er wieder ganz auf der Höhe ist?

Es wird für Sie beide hart werden – aber ich wette, Sie wissen genau, was Sie zu tun haben. Stellen Sie sich vor, Sie würden, um der Freundschaft willen, beschließen,

Ihre Sorgen für sich zu behalten und ihn sich weiter abmühen lassen? Es ist durchaus möglich, daß das Unternehmen weiter abrutscht (was für alle dort Beschäftigten ernste Folgen hätte), daß zunehmende Angst die Depression Ihres Direktors verschlimmert und daß Sie, wenn alles in Tränen endet, mit daran schuld wären.

Aufsichtsräte werden genau dafür berufen, solche Dinge in die Wege zu leiten. Lassen Sie übermenschliche Sensibilität walten. Lügen Sie notfalls, um Ihren Mann zu schützen. Sorgen Sie dafür, daß er alle erforderliche Hilfe erhält. Richten Sie es so ein, daß er zurückkehren kann, wenn er wieder gesund ist. Doch je schneller Sie handeln, desto besser für alle. Leider.

Mein Boß plant einige radikale Reformen für unseren Geschäftsbereich, was die Abläufe ebenso betrifft wie die individuellen Tätigkeitsprofile. Als Vorgesetzter bin ich in diese vertraulichen Pläne eingeweiht, doch einige meiner Untergebenen wissen, daß etwas im Busch ist, und haben mich danach gefragt. Ich weiß, ich sollte ihnen noch nicht die ganze Wahrheit sagen, habe aber das Gefühl, ihnen zumindest einen groben Überblick über das zu schulden, was geschehen könnte – schließlich sind ihre Jobs betroffen. Wie kann ich mich verhalten?

Das sollten Sie nun wirklich nicht fragen. Sie sind in gehobener Position und in der Überzeugung mit vertraulichen Informationen versorgt worden, daß Sie diese für sich behalten. Und das müssen Sie auch: Das gehört zu den schnöden Voraussetzungen, einer der Präfekten zu sein.

Ich kann Ihr Unbehagen verstehen, frage mich aber ein wenig, was Sie antreibt. Sie können nicht Vorgesetzter und *gleichzeitig* einer von der Truppe sein. Sie können nicht das Vertrauen Ihres Chefs behalten und *gleichzeitig* Geheimnisse an Ihre Leute durchsickern lassen. Sie können den Respekt nicht aufrechterhalten, ohne gelegentlich Zuneigung zu verlieren.

Der Einfall, die Mitarbeiter in groben Zügen wissen zu lassen, was sich ändern soll, ist so ziemlich der dümmste, den Sie haben konnten. Mit einem Streich enttäuschen Sie Vertrauen, heizen weitere Spekulationen an – und führen Ihre eigenen Leute fast sicher in die Irre. Ich biete Ihnen jede Wette an, daß die Pläne, die Ihr Vorgesetzter gerade hegt, bis zur letzten Minute immer wieder abgeändert werden.

Sie können nichts weiter tun, als zu Ihrem Chef zu gehen, ihm zu bestätigen (denn das dürfte er ohnehin wissen), daß Spekulationen umlaufen, und ihm dann nahezulegen, so bald wie möglich einen Termin für die Bekanntgabe festzulegen. Dann bitten Sie ihn, dieses Datum weitergeben zu dürfen.

Bitte versagen Sie sich alle anderen Hinweise, Halbwahrheiten und versteckten Andeutungen. Ihnen bleibt keine andere respektable Option als unerbittliche Undurchdringlichkeit.

Meine glanzvolle Karriere

- Wie liege ich im Rennen? Und warum will mir keiner etwas sagen?
- Änderungen verkraften
- Ins Abseits gestellt
- Wie erkenne ich, wann ich die Firma wechseln muß?

Wieviel Vorteile ein Unternehmen auch bieten mag, wie rücksichtsvoll der Chef und wie aufmerksam die Personalabteilung auch ist – niemand wird je stärker an Ihrer Karriere interessiert sein als Sie selbst. Sie sollten deshalb niemals überrascht sein oder sich allzusehr auf den Schlips getreten fühlen, wenn Sie nicht die regelmäßigen, natürlich vorzugsweise günstigen Rückmeldungen erhalten, die von den meisten so geschätzt werden.

Doch viele Chefs sind sehr nachlässig, was dieses Feedback angeht – und der glücklose Arbeitnehmer ist auf Vermutungen angewiesen: Was steckt nun genau hinter diesem unheimlichen Schweigen? Mach' ich meine Sache so gut, daß ich inzwischen akzeptiert bin? Will man mir etwas sagen, hat aber nicht genug Mumm, es klar auszusprechen? Oder sind alle nur zu sehr mit den eigenen Angelegenheiten beschäftigt, als daß sie einen Gedanken an meine Person verschwenden könnten?

Mühsame Spekulationen dieser Art zehren allmählich am Selbstvertrauen. Und oft sind es die Begabteren, die an den größten Selbstzweifeln leiden und am intensivsten nach dem ausbleibenden Wort der Anerkennung hungern.

Eine weitere Herausforderung für das Selbstwertge-

fühl ist die Aussicht auf Veränderungen – besonders dann, wenn die Art des Wandels noch in Gerüchte und Tratsch eingewoben ist. Derlei Ungewißheiten lösen oft eine irrationale Anhänglichkeit an den Status quo aus. Werden Pläne bekanntgegeben und offen diskutiert und erörtert, dann läßt unser Widerstand gegen Veränderungen drastisch nach. Bosse bitte merken!

Und dann: Wann ist Bleiben angesagt – und wann ein Firmenwechsel? Früher habe ich den Leuten immer gesagt, nur wenn sie mindestens sechs Monate unzufrieden gewesen sind und einigermaßen sicher seien, daß ein neuer Job auf sie wartet, sollten sie den großen Schritt tun und kündigen. Möglicherweise stimmt das immer noch, doch sage ich das jetzt nur noch mit einer gewissen Zurückhaltung. Ich trat mit vierundzwanzig Jahren in eine Firma ein und blieb, bis ich achtundfünfzig war. Dann wechselte ich in deren Muttergesellschaft, wo man mich heute noch finden kann. Ich bin also nicht gerade der große Experte für die Risiken und Belohnungen des Jobwechsels.

Wie liege ich im Rennen? Und warum will mir keiner etwas sagen?

Ich bekomme keinerlei Rückmeldungen von meiner Chefin und kann nur sehr schwer abschätzen, wo ich stehe. Obwohl ich sie darauf angesprochen habe, bleibt sie unverbindlich, und ich komme mir immer so vor, als würde ich im luftleeren Raum arbeiten. Das nimmt mir die Motivation, und allmählich kommt mir der Stolz auf meine Arbeit abhanden. Was kann ich tun, um diese Situation zu ändern?

Wie es sich anhört, sind Ihre Besorgnisse durchaus begründet – doch wir brauchen Gewißheit. Es wäre ja auch möglich, daß Sie sich eigentlich nicht so sehr nach Rückmeldungen schlechthin sehnen, sondern – bitte seien Sie jetzt nicht gekränkt – nach mehr Lob. Wenn wir andere auffordern: »Ich möchte, daß du absolut ehrlich zu mir bist«, meinen wir im Grunde oft: »Bitte sage mir, wie wundervoll ich bin.«

Vermutlich hat Ihre Chefin noch weitere Mitarbeiter; läßt sie diese ebenfalls nach Rückmeldungen hungern? Oder gilt das nur für Sie?

Falls nur Sie betroffen sind, folgt die nächste Frage. Ist die Vorgesetzte Ihnen gegenüber zurückhaltender, weil sie, obwohl Sie Ihre Arbeit gut machen, eine irrationale Abneigung gegen Sie hat? Oder liegt es daran, daß Sie (zumindest in ihren Augen) nicht so gut sind wie die anderen? Bemühen Sie sich, hier wirklich ehrlich mit sich selbst zu sein.

Beantworten Sie eine dieser beiden Fragen mit Ja,

dann hat das Problem mit Ihnen selbst zu tun. Daß die Vorgesetzte unverbindlich bleibt, könnte einfach daran liegen, daß es ihr einfach schwerfällt, Ihnen gegenüber offen zu sein. (Ich weiß, dazu sollte sie imstande sein, doch nicht alle Vorgesetzten können sich dazu überwinden, unangenehme Dinge auszusprechen.) Also müssen Sie offensiver werden. Reden Sie allein mit ihr; sagen Sie: »Ich weiß, Sie halten meine Arbeit für unzulänglich. Bitte nehmen Sie keine Rücksicht auf meine Gefühle – habe ich recht oder irre ich mich?« An ihrer Reaktion werden Sie dann ablesen können, was Sie wissen müssen.

Falls Sie jedoch nach dieser eingehenden Selbstprüfung immer noch überzeugt sind, das Problem sei allgemeiner Natur und liege weniger an Ihnen als an ihr, müssen Sie einen anderen Ansatz wählen. In diesem Fall sollten Sie formell, aber entgegenkommend vorgehen – und einen oder mehrere Kollegen hinzuziehen. Geben Sie sich nicht vorwurfsvoll; machen Sie der Vorgesetzten gegenüber einfach deutlich, daß alle zufriedener und besser motiviert sein würden, wenn sie regelmäßige Rückmeldungen, ob positiv oder negativ, erhielten. Und schlagen Sie einen Zeitpunkt vor, ab wann damit angefangen werden könnte.

• • • • • •

Kürzlich erzählte mir eine Kollegin im Vertrauen, wieviel sie verdient. Ich war erstaunt über die Höhe des Betrages, da sie etwa gleich alt ist und auf derselben Stufe arbeitet wie ich, ging aber davon aus, daß ich anläßlich meiner ersten Gehaltsanpassung auf eine ähnliche Summe kommen würde. Obwohl meine Beurteilung sehr positiv ausfiel, hat man mir nur eine mickrige Erhöhung zugestanden. Könnte ich mehr bekommen, wenn ich meinem Chef mitteile, daß ich weiß, was meine Kollegin verdient? Und sollte ich das Vertrauen meiner Kollegin mißbrauchen?

Ich bin richtig froh, daß Sie mich all das gefragt haben, bevor Sie wirklich zur Tat schreiten, denn sonst hätten Sie Ihrem Leben möglicherweise eine sehr dramatische Wendung gegeben.

Solange Ihre Firma nicht an Dienstgrade glaubt – was erkennbar nicht der Fall ist –, sollten Sie niemals davon ausgehen, daß Mitarbeiter gleichen Alters und gleicher Qualifikation exakt das gleiche Gehalt beziehen. Hier sind viel zu viele andere Faktoren im Spiel. Es ist sehr gut möglich, daß das Unternehmen eine Prämie anbieten mußte, um Ihre indiskrete Kollegin anzulocken; nur wenige Firmen sind so gütig (oder so verrückt), den übrigen Mitarbeitern automatisch eine gleichwertige Gehaltsanpassung zukommen zu lassen.

Es könnte aber auch sein, daß Ihre Kollegin ein wenig knauserig mit der Wahrheit umgeht. Was immer die Leute antreiben mag: Ihre Neigung, die Höhe ihres Einkommens schönzufärben, wundert mich immer wieder. Vielleicht wollte sie ja nichts weiter als Sie ein wenig aufziehen – das ist ihr dann sicherlich gelungen.

Machen Sie Ihre Arbeit gut, seien Sie geduldig, behalten Sie die Fakten im Auge. Dann bitten Sie höflich um mehr Geld. Aber unter keinen Umständen dürfen Sie sich dabei auf das angebliche Gehalt Ihrer Kollegin berufen.

Unserem Unternehmen ging es in letzter Zeit nicht so gut, und ich habe mich um andere Stellen beworben. Inzwischen wird aber gerüchteweise verbreitet, die Firma wolle demnächst prüfen, wer freiwillig ausscheiden möchte. Sollte ich alles zurückstellen und darauf warten, mit einer Abfindung gehen zu können?

Möglicherweise versuchen Sie schlauer zu sein, als gut für Sie ist. Falls Sie in der derzeitigen Firma nicht zufrieden sind, sollten Sie nicht aufhören, sich um andere Stellen zu bewerben. Es kann Monate dauern, bis Sie die richtige gefunden haben. Wenn Sie nun die Suche auf Eis legen und die angeblichen Abfindungen sich nicht realisieren, verlieren Sie wertvolle Zeit.

Seien Sie jedoch wählerisch. Nehmen Sie nicht das erstbeste Angebot. Sie haben den Luxus, während der Suche ein Einkommen zu beziehen – und falls Sie zufällig auch noch die Abfindung für freiwilliges Ausscheiden mitnehmen können, ist das ein Bonus. Langfristig dürfte es jedoch weit mehr als eine einmalige Abfindung wert sein, wenn Sie in einer aussichtsreichen Firma einen Job haben, der Ihnen gefällt.

Von oben ist Anweisung ergangen, daß wir an einem alle zwei Monate stattfindenden *Jeans-Tag* ausnahmslos Jeans tragen oder € 20 für wohltätige Zwecke spenden müssen. Ich habe nichts dagegen, für wohltätige Zwecke zu spenden, aber sehr viel gegen die diktatorische Art und Weise, in der man jedermann diese »Gaudi« aufzwingt. Ich möchte keine Jeans tragen, aber aus Prinzip auch nicht zur Kasse gebeten werden. Damit bin ich nicht allein. Was könnte ich tun?

Das Wort diktatorisch trifft zu. Die Geschichte hört sich nach schlechter Führung an. Aus Ihrem Brief wird allerdings nicht klar, ob diese spezielle Anweisung dem allgemeinen Führungsstil entspringt oder nur eine einmalige Verirrung ist.

Ist letzteres der Fall, sollten Sie besser nicht allzu selbstgerecht an die Sache herangehen. Ihr Satz »Damit bin ich nicht allein« kommt mir etwas rätselhaft vor. Er klingt so, als wären bereits Gruppen von Mitarbeitern dabei, sich wutschnaubend in eine stark übertriebene Entrüstung hineinzusteigern. Vielleicht hat der Chef die Anweisung ja an einem hektischen Tag nach einem anstrendgenden Nachtflug diktiert und hatte noch keine Zeit, sie mit jemandem zu erörtern. Ist das so oder ähnlich abgelaufen, sollten Sie einen günstigen Zeitpunkt abwarten und sie oder ihn aufsuchen. Geraten Sie nicht in die Rolle des Gewerkschaftlers; gehen Sie es locker an und schlagen Sie ein ergänzendes Rundschreiben vor, mit dem die Sache heruntergespielt wird, ohne daß jemand sein Gesicht verliert.

Erheblich schwieriger wird die Angelegenheit aber, falls die Führungsriege von der Kommandobrücke aus regelmäßig Weisungen dieser Art abfeuert. Man hat kein Recht, Ihnen vorzuschreiben, daß Sie Geld für wohltätige Zwecke spenden – und heutzutage ist es ja tatsächlich äußerst unklug, überhaupt jemandem etwas zu »befehlen«. Autorität läßt sich nur selten dadurch stärken, daß man die Leute blindlings Befehle ausführen läßt.

Ist also die Affäre mit dem *Jeans-Tag* ein allzu typisches Beispiel für autoritäres Gehabe innerhalb des Unternehmens, dann müssen Sie ein subtiles Reformprogramm planen. Erörtern Sie es in aller Ruhe und Nüchternheit mit Gleichgesinnten. Nach vier Drinks in der Vinothek am Freitagabend sollten Sie keinesfalls einen Aktionsplan entwerfen.

Prüfen Sie, was an Strukturen und Abläufen in der Firma vorhanden ist. Finden regelmäßig Sitzungen statt, in denen die Vorgesetzten die Untergebenen anhören? Gibt es im Intranet eine Entsprechung des guten alten Briefkastens für betriebliche Vorschläge? Falls ja, nutzen Sie sie. Bringen Sie das hilfreiche Argument vor, Sie alle wären bereit, mehr zu geben, wenn man Sie stärker einbeziehen und weniger mit Weisungen eindecken würde. Schlagen Sie vor, wie das durchzuführen wäre.

Die erste Reaktion des Managements auf diesen wohlerzogenen Vorstoß wird Ihnen alles verraten, was Sie wissen müssen – ob Sie weiter in dem Verein bleiben oder sich dem Fluchtkomitee anschließen sollten.

Bei uns im Büro hat man kürzlich den »mobilen Arbeitsplatz« eingeführt. Weil viele von uns außerhalb der Firma in den Niederlassungen der Kunden arbeiten, muß nicht jeder ständig über seinen eigenen Schreibtisch verfügen. Doch ich hasse es, daß ich, wenn ich ins Büro komme, einfach den nächstbesten Arbeitsplatz besetzen soll. Ich vermisse einen eigenen Schreibtisch, den ich immer an derselben Stelle im Büro weiß, mit den eigenen Unterlagen in Reichweite und mit Leuten, die ich kenne, an den benachbarten Schreibtischen. Der mobile Arbeitsplatz nimmt mir die Orientierung, und ich verschwende eine Menge Zeit mit dem Versuch, mich an unterschiedliche Umgebungen zu gewöhnen. Gibt es eine Möglichkeit, dies vorzubringen, ohne wie ein hoffnungslos zurückgebliebener Dinosaurier zu erscheinen?

Ich finde Ihr Bild entzückend. Hier dieses glänzend-moderne, neon-flirrende Büro voller jugendlicher Techno-Fans, die allesamt glückstrahlend von Arbeitsplatz zu Arbeitsplatz hoppe(l)n. Und dagegen Sie, jeden Tag an einen anderen Schreibtisch verschlagen, ein zutiefst verstimmter und zurückgebliebener Dinosaurier.

Ich mache mich bestimmt nicht lustig über Sie. Ich kann nur nicht glauben, daß Sie so allein sind, wie Sie denken. Ehe Ihre Betriebsleitung das mobile Büro einführte, hat es vermutlich irgendeine Art von Gesprächen mit den Mitarbeitern gegeben. Dabei muß zumindest der Form halber angesprochen worden sein, daß man ausprobieren, experimentieren und Rückmeldungen abwarten – und gegebenenfalls Änderungen vornehmen müsse. An einen solchen Punkt können Sie anknüpfen.

Gehen Sie aber nicht allein vor. Falls Sie noch nicht mit Kollegen gesprochen haben, sollten Sie es jetzt tun. Es würde mich wundern, wenn nicht wenigstens einige Kollegen Ihre Bedenken teilen.

Lassen Sie nicht zu, daß Ihre Unzufriedenheit durch die aufgestauten Gefühle angeheizt wird: Bleiben Sie möglichst gelassen und umsichtig. Überdenken Sie alles nicht nur von Ihrem Standpunkt aus, sondern auch aus der Sicht der Geschäftsführung. Stellen Sie fest, ob die Änderungen vielleicht auch echte Vorteile mit sich gebracht haben, und erkennen Sie diese an. Dann greifen Sie die Nachteile auf und denken sich ein paar Lösungen aus.

Zusammen mit einem oder zwei weiteren Kollegen bitten Sie um einen Termin bei Ihrem Fachbereichsleiter und bieten ihm (ohne eine Konfrontation zu suchen) die vereinten Vorschläge zur Verbesserung an. Dies sollte zu einigen gütlichen Zugeständnissen des Unternehmens führen. Falls nicht, und falls alle anderen quietschvergnügt und zufrieden sind, ist das phantasievolle Bild, das ich an den Anfang stellte, am Ende vielleicht doch nicht so phantastisch. Dann müssen Sie sich wohl eine andere Stelle suchen.

Meine Firma soll mit einer größeren fusioniert werden. Natürlich will ich meinen Job behalten, bin aber auch besorgt, ob ich auf die neuen Manager, die im Namen unseres Fusionspartners in die Firma kommen, den richtigen Eindruck mache. Gibt es dafür einen todsicheren Tip, dessen Befolgung einen nicht allzu verzweifelt erscheinen läßt?

Als erstes sollten Sie versuchen, sich in die neuen Manager hineinzuversetzen. Außerdem wollen wir davon ausgehen, daß es gute Leute mit normalem gesunden Menschenverstand und Einfühlungsvermögen sind. Diesen wird sehr genau bewußt sein, daß Fusionen und Übernahmen Befürchtungen auslösen. Änderungen sind an sich schon ziemlich unheimlich; wird man von neuen und unbekannten Herren beurteilt, ist das eher noch schlimmer. In der Folge verhalten manche Leute sich unnatürlich.

Die neuen Manager werden auf solche Dinge achten. Sie hoffen, auf eine Gruppe von Leuten ohne Ressentiments zu stoßen, die einfach weiterhin ihre Arbeit tun und halbwegs aufgeschlossen sind, wenn man sie bittet, einige eingefahrene Abläufe zu ändern. Dagegen hoffen sie eher weniger, auf störrisches Mißtrauen oder auf überschwengliche Speichelleckerei zu treffen.

Wie es sich für mich anhört, werden Sie wahrscheinlich nicht auf das störrische Pferd setzen. Sie könnten aber durchaus versucht sein, unnatürliche Begeisterung für die neue Ordnung zu zeigen.

Lassen Sie das bitte. Sie vermuten zu Recht, daß Sie verzweifelt wirken würden. Damit würden Sie die neuen Manager abstoßen und jegliches Wohlwollen verlieren, das Ihre Arbeitskollegen vielleicht für Sie empfinden. Bleiben Sie gelassen, handeln Sie konsequent, warten Sie ab.

Infolge einer Fusion bin ich gerade mit einem großzügigen Abfindungspaket freigestellt worden. Ich bin Marketingdirektor und habe bereits einige attraktive Angebote erhalten, frage mich aber, ob ich die Gelegenheit ergreifen und mich selbständig machen soll. Auf welcher Basis sollte ich diese Entscheidung treffen?

Ihre Frage weist eine bezeichnende Lücke auf. Sie sprechen davon, sich selbständig zu machen, liefern aber keinerlei Hinweis, was Sie denn machen könnten. Es klingt, als würden Sie die Idee eher wie eine Abstraktion abhandeln.

Die Gründung eines eigenen Unternehmens erfordert ein Maß an Antrieb und Hingabe, das an Unvernunft grenzt. Erfolgreiche *Entrepreneurs* interessieren sich in der Regel leidenschaftlich für etwas Bestimmtes, aber auch einfach für den Erfolg. Sie sind heiß auf Drucken oder Maschinenbau, Catering, Computerspiele, Modellflugzeuge, alte Landkarten oder das Internet. Diese Begeisterung trägt einen über die zutiefst entmutigenden ersten Anfänge hinweg, führt einen zu acht verschiedenen Banken nacheinander, ehe man die richtige findet, macht einen fähig, einen alten Freund zu feuern, weil er es nicht bringt, hält einen sieben Tage die Woche am Ball, was oft mit gewaltigen Kosten für einen selbst und die Familie erkauft wird.

Vielleicht ist das auch bei Ihnen so, doch es hört sich nicht so an. Möglicherweise glauben Sie, auf eigene Rechnung zu arbeiten, sei an sich bereits sehr viel edler als die Arbeit für andere, doch das ist bescheuert.

Sie sind zweifellos ein guter Marketingdirektor – das heißt, als Mitglied eines Teams sind Sie erfolgreich gewesen. Ich habe den Eindruck, daß Sie nicht einmal in Betracht gezogen hätten, auszuscheren, wenn man Sie nicht gegen Ihren Willen freigestellt und mit unverhofftem Kapital versehen hätte. Für mich sieht es so aus, als wären Sie einer von den vielen, die von Natur aus sehr viel glücklicher sind, wenn sie eine spezifische Fähigkeit für ein bestehendes Unternehmen einsetzen können, als wenn sie dies auf eigene Rechnung tun müßten. Und daran ist absolut nichts, was man als schwächlich ansehen könnte.

Ich würde Ihnen, unter einem Vorbehalt, dringend raten, diese Phantasien aufzugeben und eines der Angebote anzunehmen. Dieser Vorbehalt lautet: Sollte meine Empfehlung, weil ich Ihre Ambitionen so abgrundtief verkannt habe, bei Ihnen unkontrollierbare Wut auslösen, dann ignorieren Sie sie einfach.

> Ich arbeite für eine kleine, aber hochkarätige Firma in der Management-Beratung. Ich mag meine Arbeit, mein Gehalt ist ausgezeichnet, doch meine Arbeitszeit ist aberwitzig. Ich habe kein Leben mehr. Also habe ich mich für eine Stelle an der Universität beworben und sie auch angeboten bekommen; dort würde ich Doktoranden in Wirtschaftswissenschaften unterrichten. Ich fürchte, wenn ich den Job annehme, könnte sich herausstellen, daß die Lehre nichts für mich ist; ich würde dann aber in einer Sackgasse festsitzen.

Sie verschweigen mir Ihr Alter und auch, ob Sie durch Angehörige, Hypotheken, Ausbildungskosten für Kinder oder andere zwingende Verpflichtungen belastet sind. Ihren Worten entnehme ich, daß Geld für Sie nicht an erster Stelle steht; vorausgesetzt, Sie sind fünfunddreißig oder jünger und halbwegs frei von Schulden und Illusionen, würde ich Ihnen also raten, die akademische Stelle anzunehmen.

Die meisten Menschen, die sich darüber beklagen, aberwitzige Arbeitsbelastung und kein Privatleben zu haben, schaffen es nie bis zu einem Punkt, an dem sie etwas dagegen unternehmen könnten. Ihnen aber ist das gelungen – was nahelegt, daß Sie es ernst meinen.

Und diese Entscheidung muß selbstverständlich nicht in einer Sackgasse enden und auch nicht auf ewig gelten. Als eine der besseren Entwicklungen der letzten zehn Jahre sind die traditionellen Grenzen zwischen den Beschäftigungen und Berufen ein Stück weit abgebaut worden. Es ist nicht mehr völlig unmöglich, aus einer Beratungstätigkeit in die Lehre zu wechseln – und notfalls wieder zurück. Zudem wird es inzwischen weit stärker akzeptiert, wenn jemand zwei oder mehrere Dinge gleichzeitig tut. Sie könnten also den Unterricht aufnehmen – und einen gewissen Anteil privater Beratung fortführen. Die meisten Universitäten fördern diese Art der Arbeit: Sie hält die Leute und die Uni in Kontakt mit dem, was im wirklichen Leben geschieht.

Ob nun die Lehre das richtige für Sie ist: Das können Sie nur wissen, wenn Sie es versucht haben. Erwägen Sie ernsthaft, über Ihr stärkstes Fachgebiet zu schreiben und zu veröffentlichen: Vergleichbar lange Urlaubszeiten bekommen Sie vielleicht nie wieder. Und falls Ihnen die Rolle des Lehrers nach drei oder vier Jahren langweilig und zu wenig abwechslungsreich geworden ist, gehen Sie wieder in die Praxis zurück. Das muß keine Beratertätigkeit sein – Lebenslauf und Reputation haben sich ja nun verbessert. Möglicherweise haben Sie auch gelernt, wie Sie gleichzeitig arbeiten und etwas vom Leben haben können.

Ins Abseits gestellt

Ich fürchte, meine Firma könnte zusammenbrechen. Mein oberster Chef hat etwas von einem Diktator und hält häufig Informationen zurück. Ich muß herausfinden, ob meine Befürchtungen berechtigt sind. Ich habe eine Abteilung zu leiten und an meine eigene Karriere zu denken. Persönlich bin ich der Meinung, daß der extravagante Lebensstil des Firmenchefs und sein mangelndes Urteilsvermögen die größten Probleme des Unternehmens sind.

Falls Sie mit Ihrer Einschätzung des Firmenchefs richtig liegen, wird er (oder sie) früher oder später auf die Nase fallen. Das Problem ist nur, daß es dann zu spät sein könnte – Sie müssen also zwei Dinge tun.

Erstens sollten Sie einen Ausstiegsplan für sich selbst entwerfen. Es könnte sein, Sie brauchen einen neuen Job – folglich sollten Sie den erforderlichen Prozeß jetzt in die Wege leiten. Und zusätzlich vertrauen Sie sich dem Vorsitzenden oder einem anderen Mitglied des Aufsichtsrats an, zu dem Sie ein gutes Verhältnis haben.

Sie können sich nicht guten Gewissens einfach davonstehlen und andere Leute sowie Ihre eigene Abteilung sich selbst überlassen: Ihre Befürchtungen müssen Sie jemandem mitteilen. Und außerdem müssen Sie sich um Ihre eigene Zukunft kümmern.

Auf keinen Fall dürfen Sie jedoch diese beiden Aktivitäten miteinander vermengen – oder man wird glauben, Sie würden Intrigen anzetteln. Falls der Firmenchef sich durch glückliche Umstände schnell wieder aufrappelt und die Firma aussieht, als würde sie bald wieder florieren, können Sie den Ausstiegsplan getrost in der Schublade versenken. Falls jedoch nichts geschieht und Ihre Ängste bestehen bleiben, dann sind Sie es sich selbst und Ihrer Familie schuldig, sich auf Teufel komm raus abzusetzen.

Und nicht vergessen: Schlimmstenfalls wirft man Sie (nicht ohne eine happige Abfindung) aus einer Firma raus, an deren Zukunft Sie nicht glauben.

Ich habe mich gerade einer Design-Firma angeschlossen und besetze die Funktion eines leitenden Kundenbetreuers. Leider arbeiten die anderen Führungskräfte seit Jahren zusammen und sind einander eng verbunden. Ich bin nicht gerade extrovertiert und habe den Eindruck, man läßt mich links liegen. Wie kann ich mir schnell Gehör verschaffen?

Vergessen Sie es schnell. Als führender Kundenbetreuer sollten Sie all Ihre Fähigkeiten und Energie darauf verwenden, den Kunden in exzellenter Weise zu dienen. In allen kreativen Dienstleistungsbranchen hört man früh genug auf jeden, der ständig erfolgreich mit ausgezeichneter Arbeit aufwarten kann.

Anscheinend fühlen viele Leute einen unwiderstehlichen Drang, dem Management anzugehören; meiner Meinung nach nicht, weil sie glauben, der Job sei an sich bereits faszinierend – er ist in vieler Hinsicht langweilig –, sondern wegen des Status, den er ihrer Ansicht nach verleiht.

Da gibt es nur einen Vorbehalt: Als Leiter der Kundenbetreuung müssen Sie ab und zu dafür kämpfen, intern die erforderlichen Ressourcen zugewiesen zu bekommen. Falls Sie finden, Ihr »einander eng verbundenes Management« verschaffe sich selbst eine Vorzugsbehandlung, während Sie sich zugunsten des Leiters der Kreativabteilung hinten in der Schlange anzustellen haben, müssen Sie etwas unternehmen, wenn Ihre Kunden nicht darunter leiden sollen. Dennoch sollten Sie nach wie vor nicht verlangen, »zum Management zu gehören«. Setzen Sie als legitimen Hebel den Dienst für Ihre Kunden ein.

Obwohl ich als Manager meiner Firma recht erfolgreich bin, läßt man mich, wie ich in letzter Zeit festgestellt habe, ständig links liegen. Entscheidungen werden ohne mich getroffen, und ich erfahre erst einige Tage später als alle anderen, worum es dabei geht. Außerdem scheint der Boß sehr viel häufiger mit den anderen Managern zu sprechen als mit mir; ich werde noch nicht einmal darüber informiert, was in diesen Diskussionen abläuft. Dies war früher anders, und ich weiß, daß ich nicht einfach unter Verfolgungswahn leide. Haben Sie eine Idee, was hinter diesem Verhalten stecken könnte – und was ich dagegen tun kann?

In Ihrer Anfrage steht ein Satz, der mir zu denken gibt: »Dies war früher anders.« Demnach hat sich etwas geändert, und das setzt voraus, daß noch irgend etwas anderes geschehen sein muß.

Denken Sie gründlich und selbstkritisch nach. Haben

Sie eine richtungsweisende Strategiesitzung verpaßt? Konnten Sie an einer entscheidenden Präsentation mit konkurrierenden Ansätzen nicht teilnehmen? Haben Sie sich wegen Überlastung von der Teilnahme an einem wichtigen Projekt befreien lassen? Haben Sie sich geweigert, für einen Kollegen einzuspringen, der private Probleme hatte?

Ich frage das, weil Ihr Boß und die Kollegen, vielleicht nicht einmal bewußt, anscheinend zu dem Schluß gekommen sind, daß Sie nicht mehr zum Team gehören. Und wahrscheinlich ist diese Schlußfolgerung zumindest teilweise auf Ihr Verhalten zurückzuführen. Sie sind, wie ich glaube, nicht paranoid; Ihr Gefühl, ausgeschlossen zu sein, kann aber an Ihnen selbst liegen.

Sie sollten also ehrlich zu sich sein. Sind Sie in letzter Zeit eher zum Einzelkämpfer geworden? Haben sich in Ihrem Leben Veränderungen ergeben, die es Ihnen schwerer machen, bis in die Nacht oder an Wochenenden zu arbeiten?

Falls dieser Gedankengang für Sie nachvollziehbar ist, wird sich daraus vielleicht keine unmittelbare Lösung ergeben, aber Sie dürften zumindest etwas weniger gekränkt und irritiert sein.

Dann müssen Sie sich entscheiden: Haben Sie die Zeit und die Bereitschaft, sich wieder mehr einzubringen? Oder glauben Sie mittlerweile aus guten Gründen, das Leben müsse mehr sein als das vollständige Aufgehen in der Arbeit? Gilt für Sie die erste Möglichkeit, sollten Sie es zeigen – Ihr Chef und die Kollegen werden es bald merken. Andernfalls sollten Sie möglicherweise eine andere Art von Beschäftigung erwägen.

Wie erkenne ich, wann ich die Firma wechseln muß?

Ich bin Anwalt in gehobener Position, habe das Vergnügen, an großen Fällen zu arbeiten und mache das bisher gut. Im Laufe der vergangenen zwölf Jahre hat man mir größere Verantwortung und spannende Tätigkeiten übertragen. Wie der Haupteigner mir nun zu verstehen gibt, werde ich, solange ich in der Firma nicht mehr für die Akquisition tue, wahrscheinlich nicht als Partner aufgenommen. Ich mag das Verkaufen nicht und möchte nicht als Manager oder Bürokrat arbeiten, will aber Teilhaber werden. Sollte ich die Kanzlei verlassen?

Hier gibt es zwei Möglichkeiten. Entweder Ihr Haupteigner ist ein Idiot, oder Sie haben nicht gehört, was er wirklich sagt. Falls Sie die Tätigkeit so gut ausüben, wie Sie das sagen, und andererseits ein so schlechter Verkäufer sind (was immer das heißen mag), ist er verrückt, wenn er wünscht, daß Sie Ihren Arbeitsstil ändern.

Möglicherweise wollte er aber sagen, daß Teilhaber nicht umsonst berufen werden. Man geht davon aus, daß diese nicht eigennützig handeln, sondern sich in jeder Hinsicht engagieren (den großen Beratungsfirmen ist das äußerst wichtig) – doch Sie scheinen nicht so zu arbeiten. Anders gesagt, vielleicht versucht er Ihnen mitzuteilen, Sie hätten, solange Sie nicht zeigen, daß Sie sich einfügen und zum Wohl der Gemeinschaft etwas beitragen, nicht die Eigenschaften eines richtigen Partners gezeigt.

Nur Sie können wissen, welche dieser Möglichkeiten zutrifft. Ist er ein Idiot, sollten Sie kündigen. Falls er Ihnen jedoch nur ein paar kleine Anstöße gibt, dann sollten Sie sich ändern, weitermachen – und erfolgreich sein.

• • • • • •

Ich bin Abteilungsleiter in einer international tätigen Firma, in deren Führungsriege die Informationstechnologie zu wenig vertreten ist. Deswegen bin ich die ganze Zeit hinter betrieblichen Abläufen her, anstatt mich mit dem kreativen Denken zu befassen, für das man mich geholt hat. Die Direktoren im Vorstand geben Zusicherungen, halten sie jedoch nicht ein. Habe ich aufs falsche Pferd gesetzt?

Wäre ich ein skeptischer Mensch, würden Sie mir durch Ihre Frage in unsympathischem Licht erscheinen. Neben »kreativem Denken« verlangen die meisten Tätigkeitsbeschreibungen für Abteilungsleiter, wenn auch in geschönten Formulierungen, ein gewisses Maß an alltäglicher Verwaltungsarbeit (man ist »hinter betrieblichen Abläufen her«). Wäre ich ein skeptischer Mensch, hätte ich den Verdacht, Sie hoffen, sich um all den öden Kleinkram drücken zu können – aus dem fragwürdigen Grund, daß er Ihre Vorstellungskraft daran hindert, in die lichten Höhen unbeschwerter Spekulationen aufzusteigen. Mein erster Rat lautet also, sich selbst und Ihre Motive mit klinischer Objektivität unter die Lupe zu nehmen. Niemand kann rund um die Uhr den »kreativen Denker« geben. Ein wenig Alltagskram und Eintauchen in die Masse hilft, auf dem Teppich zu bleiben – und könnte Sie in Ihren einfallsreicheren Momenten sogar anregen. Sind Sie wirklich sicher, daß es Ihnen eher an Zeit mangelt als an guten Ideen?

Aber vielleicht finden Sie diesen Vorschlag sowohl kränkend als auch unbegründet – in diesem Fall müssen Sie zurückverfolgen, wie Sie an diesen Punkt gekommen sind.

Sie sprechen von mehreren »Direktoren im Vorstand«, doch vermutlich sind Sie einem bestimmten Vorgesetzten (jemand muß Sie ja eingestellt haben) verantwortlich. Lassen Sie sich einen Termin geben, und erörtern Sie mit dem Betreffenden noch einmal, weshalb man Sie angeheuert hat. Bringen Sie vor, man müsse doch enttäuscht sein, weil noch so wenig konstruktive Kreativität zu erkennen sei. Erklären Sie, Sie würden diese Enttäuschung teilen. Finden Sie Beispiele besserer Leistungen bei Konkurrenten. Verweisen Sie darauf, daß nicht nur Sie nicht das erbringen, wofür man Sie bezahlt, sondern daß die Firma insgesamt an Boden verliert und weiter zurückfallen wird, wenn sich nichts ändert. Schlagen Sie vor, wie das zu erreichen ist.

Die von Ihnen erbetenen Änderungen sollten präzise umrissen und durchführbar sein. Fügen Sie einen Zeitplan hinzu: Bitten Sie um eine weitere formelle Überprüfung zu einem gegebenen Zeitpunkt und legen Sie diesen Termin sofort gemeinsam fest – Sie werden wissen, was realistisch ist.

Falls all das nichts bringt, ist klar, daß Sie in der Tat aufs falsche Pferd gesetzt haben, und Sie können den Headhunter Ihres Vertrauens anrufen. Wenn man aber etwas ändert und die Frist akzeptiert, haben Sie alle Chancen, Ihren Standpunkt zu bestätigen.

Mein Geschäftspartner und ich haben unsere Firma vor mehreren Jahren gegründet. Wir sind mittlerweile beide in den Fünfzigern, und die Geschäfte laufen gut. Vor kurzem ist der Sohn meines Partners mit eingestiegen, und dieser hat allmählich viel von meiner Arbeit übernommen – mir überläßt er nur noch die kleineren Aufgaben. Als ich den Geschäftspartner darauf ansprach, erklärte dieser, er und sein Sohn wollten mich aus der Firma auskaufen. Ich bin am Boden zerstört – ich hielt ihn für einen guten Freund und glaubte, wir würden das Geschäft noch viele Jahre gemeinsam betreiben. Ich will nicht aus der Firma ausscheiden, sehe mich aber gegenüber meinem Partner und seinem Sohn in der Minderheit.

Ich fürchte, die Antwort dürfte Sie wütend machen, doch andernfalls müßte ich so überaus taktvoll sein, daß ich möglicherweise überhaupt nicht vermitteln könnte, worauf es ankommt. Sie müssen sich, dessen bin ich mir ziemlich sicher, allmählich auf einen geordneten Rückzug aus der Firma vorbereiten. Vielleicht halten Sie das für unfair – was es möglicherweise ist –, doch wie es aussieht, ist die Beziehung zu Ihrem Partner über einige Zeit hinweg nicht gerade offen gewesen, und ich bezweifle ernsthaft, ob das jetzt zu reparieren ist. Als erstmals davon die Rede war, daß sein Sohn in die Firma einsteigen sollte, haben Sie zum Beispiel offensichtlich nicht durchgesprochen, welche Folgen das mit sich bringt. Das war der Zeitpunkt, zu dem die Zukunft des Geschäfts und seines Managements – unaufgeregt und ohne Verdächtigungen – hätte diskutiert werden müssen. Doch diese Chance ist nun vertan, und ich fürchte, für immer. (Ich hatte Sie gewarnt, daß ich Sie wütend machen könnte.)

Selbstverständlich steht es Ihnen vollkommen frei, sein Angebot abzulehnen. Doch wenn Sie das tun, werden Sie unvermeidlich mit folgenden Bedingungen konfrontiert sein: Äußerst unangenehme Arbeitsbeziehungen mit Ihrem Partner wie auch mit dessen Sohn, zunehmend kleinere und unbefriedigendere Aufgaben und dazu nagende Ressentiments, durch die Sie zu einem immer unliebsameren Zeitgenossen werden – sogar für sich selbst. Diese Aussicht ist trostlos und unwürdig, und ich hoffe, Sie beschließen, sie gegen eine andere einzutauschen.

Ziehen Sie einen Schlußstrich unter Ihre Verzweiflung. Üben Sie sich in heroischer Leidenschaftslosigkeit. Da Sie und Ihr Partner in den Fünfzigern stehen, sollten Sie anerkennen, daß es nicht zu früh ist, die Nachfolge in der Firmenleitung zu planen.

Bestehen Sie darauf, die Firma unabhängig bewerten zu lassen. Zieren Sie sich nicht, nehmen Sie sich Zeit, stellen Sie sicher, einen guten Preis zu bekommen. Unterdessen können Sie anfangen, die zweite Hälfte Ihres Lebens zu planen: Sie sollten eigentlich ausreichend Kapital haben, um entweder zu einem neuen geschäftlichen Wagnis aufzubrechen oder sich einen unbeschwerten Ruhestand zu sichern.

• • • • • •

Mein gleichaltriger Kollege wird mit guten Projekten zugedeckt, während ich anscheinend die Reste abbekomme und mich selten länger als bis 17 Uhr 30 beschäftigen kann. Mein Direktor sagt, er sei sehr zufrieden mit meinen »Fortschritten«. Ich habe darum gebeten, mehr Aufgaben zu bekommen, doch drei Monate später ist noch immer keine weitere Arbeit aufgetaucht. Will man mich diskret hinausdrängen?

Ich weiß nicht, ob man Sie nun wirklich hinausdrängen will, aber gut, jemand schickt Ihnen eine Botschaft – selbst wenn ihm das nicht bewußt ist. Holen Sie tief Luft, raffen Sie sich zu einer mächtigen Willensanstrengung auf – und versuchen Sie, die Situation nicht aus Ihrer Sicht, sondern mit den Augen des Direktors zu betrachten.

Was sieht er? Er sieht zwei Leute: Einen davon hält er auf Trab, und einer hat um halb sechs nur wenig zu tun. Woran könnte das liegen? Wo liegt der Unterschied zwischen den beiden? *Ihre* Meinung will ich hier nicht hören: Ich möchte, daß Sie der Ansicht Ihres Direktors möglichst nah kommen. Wie sieht er Sie beide?

Findet er Sie langweilig? Hält er Sie für fähig, aber schwerfällig? Sieht er bei Ihrem konkurrierenden Altersgenossen die schnellere Auffassungsgabe und mehr Freude? Ich will Sie damit nicht angreifen; Sie müssen nicht der gleichen Meinung sein wie der Direktor, sondern ihn nur verstehen. Denn seine Lage ist offenbar nicht ideal, oder? Er hat einen überlasteten und einen unterforderten Jungmann, während er doch lieber in der Lage wäre, beiden mit dem gleichem Vertrauen Projekte zuzuschieben.

Läge das Problem in der grundlegenden Befähigung, hätte ich meine Zweifel, ob Sie noch hier wären. Denken Sie also intensiv über Stil und Arbeitsweise nach – und achten Sie darauf, ob die Arbeitsbelastung ansteigt. Falls nicht, sollten Sie sich anderswo umsehen.

Ich habe meine derzeitige Stelle gewählt, weil man mir sagte, ich hätte hier die Möglichkeit zu Auslandsreisen und könnte meine Sprachkenntnisse nutzen. Möglichkeiten gibt es – doch anscheinend schnappt mein Boß sie sich immer, während er es mir überläßt, zu Hause die Routinearbeit zu erledigen. Lohnt es sich, das auszusitzen? Ich habe ansatzweise versucht, das Thema bei meinem Chef anzusprechen. Er scheint das wohlwollend zu sehen, läßt aber keine Taten folgen.

Eines haben viele der verzwickteren Probleme im Leben gemeinsam: Sie schleichen sich allmählich ein, scheibchenweise, und selten gibt es einen offensichtlichen, klar abgegrenzten Punkt, an dem wir uns sagen: »Genau! Schluß damit! Hier muß sich einiges ändern!« Also warten wir ab. Wir murmeln: »Aber nächstes Mal kriegen sie wirklich was zu hören …«, und natürlich lassen wir weiter alles treiben und bleiben unzufrieden.

Steht man vor einer dieser tückischen, schleichenden Zwangslagen, ist es am besten, man beschließt für sich selbst lange im voraus einen eindeutigen, meßbaren Auslöser. Sie sollten ihn aufschreiben und sich dann (solange nichts eintritt, was die Voraussetzungen ändert) daran halten. In Ihrem Fall könnte die Zahl der seit Arbeitsbeginn vergangenen Monate ohne Auslandsreise den Ausschlag geben. Doch es muß eine exakte Zahl sein – kein unscharf definiertes Gefühl der Frustration.

Sobald Sie sich der Zahl nähern, schicken Sie Ihrem Boß eine Nachricht. Ich weiß, das hört sich formell an, doch Sie müssen es schriftlich machen, und Sie müssen genau sein. Keine Emotionen! Vermeiden Sie es, beleidigt zu klingen. Sagen Sie einfach, Sie hätten den Job nicht zuletzt wegen der zugesagten Reisemöglichkeiten angenommen. X Monate später würden nun Ihre Sprachkenntnisse, ein wichtiger Teil Ihrer Qualifikation, allmählich einrosten. Sie könnten es sich nicht leisten, Ihren Marktwert weiter verfallen zu lassen, weshalb Sie bedauerlicherweise bald in eine neue Stelle wechseln müßten.

Letzter Tip: Schreiben Sie die Nachricht jetzt. Dann lesen Sie sie und prüfen, wie sie klingt. Damit können Sie feststellen, wie wichtig das Reisen für Sie wirklich ist – und ob Sie Ihren jetzigen Job tatsächlich sausen lassen wollen, um das zu bekommen. Falls das nicht in Frage kommt, sollten Sie aufhören zu jammern und weitermachen.

Mein Onkel ist Vorstand der Firma, die ich als leitender Direktor führe. Das Geschäft ist profitabel, doch er bremst ständig. Alles, was ich unternehme, wirft er um. Wie kann ich mich von ihm befreien? Jede unserer Familien besitzt 50% der Firma.

Jetzt wissen Sie, warum so viele Experten vor einer 50/50-Eigentumsaufteilung warnen. Sie führt oft zu Tränen – oder, was schlimmer ist, zu einer Lähmung. Dies scheinen Sie gerade durchzumachen.

Sie sollten also nicht weiterkämpfen und immer mehr Ressentiments anstauen. Streben Sie eine Klärung an. Machen Sie dem Aufsichtsrat (ich hoffe, Sie haben einen) deutlich, die Firma leide unter unklaren Zuständigkeiten und Sie hätten zwei Empfehlungen vorzubringen.

Erstens wäre festzulegen, daß die Rolle des Vorsitzenden von den Aufgaben der Geschäftsführung getrennt wird, während Sie als leitender Direktor eindeutig die operative Führung hätten, und zweitens sollte die Familie des Onkels, um dieser Unterscheidung gerecht zu werden, etwa 5 Prozent der Anteile an Ihre Familie verkaufen – was die Eigentumsanteile auf 55/45 zu Ihren Gunsten verschieben würde.

Ich kenne die Einflußverteilung nicht und weiß nicht, wie der Aufsichtsrat zusammengesetzt ist, doch damit werden die Dinge zumindest auf den Punkt gebracht. Akzeptiert man die Empfehlungen, dann haben Sie vielleicht einen schmollenden Onkel, doch dieser wird nicht in der Lage sein (wenigstens nicht mehr so leicht), Ihre Autorität zu untergraben. Und wenn man Ihre Vorschläge ablehnt, dann wissen Sie, es ist an der Zeit, weiterzuziehen.

Ein Familienunternehmen zu führen kann, wie Sie bereits erlebt haben, sehr spannungsgeladen und beengend sein. Doch auch anderswo gibt es eine Welt. Wenn Sie etwas können, bietet Ihnen das vielleicht eine große Chance.

Erst vor vier Monaten hielt der Eigner den Mitarbeitern eine Ansprache, wonach wir »alle an einem Strang ziehen« sollten. Die Beschäftigten sind sehr loyal, haben viele Überstunden geleistet und machen wenig Theater. Deswegen habe ich als Geschäftsführer mit Schrecken entdeckt, daß er einen neuen Jaguar XKR auf Rechnung der Firma angeschafft hat. Er sagt, es sei wichtig, das Image des Unternehmens zu pflegen. Aber das wird Wellen schlagen. Wie bringe ich ihn dazu, einen Rückzieher zu machen, ohne daß er das Gesicht verliert?

Hier haben wir gleich zwei interessante Gesichtspunkte. Der Mann ist »Eigentümer«, und wie es sich anhört, ist er der einzige und unumschränkte Inhaber. Sie sagen, Sie hätten die Bestellung seines pompösen Wagens »entdeckt«, was darauf hindeutet, daß er mit der Firma nach Gutsherrenart umgeht. In diesem Fall muß es für einen bezahlten Geschäftsführer wie Sie recht schwer sein, eine eigene Autorität aufzubauen. So habe ich den Verdacht, die Geschichte mit dem Auto ist kein bloßer Zwischenfall, sondern Teil eines umfassenderen Musters.

Falls diese Analyse zutrifft, könnten Sie das Problem mit dem Jaguar ebensogut weniger als Affront, sondern eher als Gelegenheit ansehen, eine ganze Menge klarzustellen. Ich wette, das ist keine besonders verlockende Aussicht für Sie, doch irgendwann müssen Sie es ohnehin tun – warum also nicht jetzt?

Eines sollten Sie sich gleich zu Anfang klarmachen: In jedem Kampf zwischen dem uneingeschränkten Eigentümer einer privaten Firma und seinem bezahlten Geschäftsführer gibt es zwangsläufig nur einen Gewinner. Vergessen Sie Justiz, gesunden Menschenverstand, Dankbarkeit und das, was für die Firma am besten wäre. Wenn er seinen Willen durchsetzen möchte, dann wird er es auch. Sie sollten diese Auseinandersetzung also in dem Bewußtsein angehen, daß Sie am Ende vielleicht gehen müssen. Was Sie auch tun, fangen Sie nicht mit gespielter Entschlossenheit an, nur um sich später einer Reihe beschämender Konzessionen unterwerfen zu müssen.

Führen Sie ein Gespräch unter Erwachsenen. Stellen Sie klar, daß er seinen Jaguar völlig zu Recht auf Firmenkosten beschafft, es aber hier nicht um dieses Prinzip geht. Vielmehr handelt es sich darum, ob er einen guten

Geschäftsführer benötigt oder nicht. Ein guter Firmenleiter muß den Respekt seiner Beschäftigten fordern – was auch der beste Mann nicht schaffen kann, wenn ihm der Eigentümer in den Rücken fällt. Warum sollte er also jemandem ein gutes Gehalt zahlen, wenn er ihn dann demontiert?

Sie haben vollkommen recht: Seiner Firma wird es sehr viel nützen, wenn er den XKR vergißt. Ignoriert er diesen Rat, dann sollte Ihnen – ohne Empörung oder Trotz – klar sein, daß er Sie seiner Meinung nach nicht braucht.

Viel Glück. Ich vermute mal, Sie sind schon raus aus der Geschichte.

Anläßlich einer aufreibenden jährlichen Arbeitskonferenz benutzte ich (auf Empfehlung der Kollegen) die Wellness-Einrichtungen des Hotels. Als ich die Kosten als Spesen geltend machen wollte, wies mein oberster Chef die Forderung zurück. Er sagte, er hätte seine Kurkosten in den letzten Jahren selbst getragen, doch ich habe die Unterlagen durchgesehen und weiß, dies ist nicht der Fall.

All das ist ja sehr interessant. Sie wollen mir wohl kaum erzählen, daß man Ihnen Spesen im Wert von achtzig Piepen verweigert hat. Ich glaube, Sie teilen mir eher mit, daß Sie und Ihr oberster Chef nicht gut miteinander auskommen. Sie trauen ihm schon seit einiger Zeit nicht und haben nun Beweise ausgegraben, damit richtig zu liegen. Warum sonst hätten Sie die Mühe aufgebracht (und etwas dabei riskiert), seine Jahre alten Spesen nachzuprüfen?

Außerdem schließe ich, daß das wechselseitige Unbehagen, das Sie füreinander hegen, eine Form der Konkurrenz ist: Warum sonst sollte er Sie belügen, wenn er kein geborener Schwindler ist? Ich glaube, er weiß, daß Sie ihm gegenüber einige Zweifel haben, und er wollte Ihnen nicht die Genugtuung lassen, im Recht zu sein. Zugegeben, das ist nicht sehr erwachsen, aber doch recht menschlich.

Die ganze Sache ist gleichzeitig sehr nichtig und sehr ernst. So gehen Ehen in die Brüche. In solchen Konstellationen stürmt Henry für immer aus dem Haus, weil Prue nie den Deckel auf die Zahnpastatube schraubt. Den banalsten kleinen Schwächen wird auferlegt, die ganze Verantwortung für Jahre angesammelter Zweifel und Unzufriedenheiten zu tragen.

Diese Art von Beziehung läßt sich kitten – doch dazu muß man seine Cleverneß zügeln und ein schmerzliches kleines bißchen Selbstlosigkeit aufbringen.

Wahrscheinlich sind Sie der Meinung, Ihr CEO müsse den ersten Schritt tun, wenn die Spannungen ein wenig verringert werden sollen. Denn schließlich ist er der Obermacker. Zudem sind Sie im Recht, nicht er. Das ist voll korrekt – aber Sie sollten das ganze Gedöns vergessen. Zeigen Sie Reife, die über Ihr Alter hinausreicht. Er verdient es vielleicht nicht – aber Sie sollten versuchen, es ihm leicht zu machen. Laden Sie ihn zum Mittagessen ein (nicht auf Spesen, würde ich vorschlagen) und fragen Sie ihn, was Sie sonst noch tun können, um der Firma nützlich zu sein.

Falls er nicht reagiert – oder falls Sie sehr gute Gründe haben, ihn für chronisch unzuverlässig zu halten –, sollten Sie sich allmählich auf einen Karrierewechsel einstellen. Er hat Sie nämlich nicht verdient.

Wie mir allmählich klar wird, war es ein Fehler, daß ich kürzlich den Job gewechselt habe. Wenn ich mich aber, um den Schaden zu begrenzen, anderswo bewerbe, werten andere potentielle Arbeitgeber meinen Lebenslauf vielleicht als »flatterhaft«, weil ich aus meinem vorherigen Job schon innerhalb der ersten sechs Monate abgeworben wurde. Meine alte Stelle ist neu besetzt worden. Was könnte ich tun?

Ich frage mich, weshalb Sie den vorherigen Job nach nur sechs Monaten verlassen haben? Wenn Sie einfach sagen, Sie wären abgeworben worden, könnte man meinen, Sie hätten keinen eigenen Willen. Sie müssen den Job einigermaßen gern gemacht haben – schließlich geben Sie zu verstehen, Sie würden wieder zurückgehen, falls der Job noch frei wäre. Was also ist da abgelaufen? Ging es einfach ums Geld? Oder um Eitelkeiten? Gab es einen Konkurrenten? Oder glaubten Sie, jeder Karriereschritt sei immer ein guter Karriereschritt?

Ehe Sie Ihre nächste Entscheidung treffen, sollten Sie sich die Gründe für die letzte klarer machen – und das möglichst ehrlich. Das wird Sie zwar nicht davor bewahren, weitere Fehler zu machen, könnte Sie aber immerhin daran hindern, den gleichen noch einmal zu machen.

Und dann: Wie sicher sind Sie, daß der neue Job wirklich eine Katastrophe ist? Wenn man Sie abgeworben hat, sind Sie wahrscheinlich pauschalen Übertreibungen auf den Leim gegangen. Wenn Sie aufhören würden, abwertende Vergleiche zwischen dem vorgefundenen Job und dessen geschönter Beschreibung zu ziehen, könnte es also sehr gut sein, daß Sie vollkommen zufrieden sind; zumindest für so lange, bis man Ihnen keine Flatterhaftigkeit mehr vorwerfen kann.

Wenn Sie jedoch nach alledem immer noch überzeugt sind, der Job sei nichts für Sie, dann sollten Sie Ihr Federmäppchen packen – je eher, desto besser, solange Sie in die richtige Richtung marschieren. Und das stellt Sie natürlich vor ein Problem, weil es mehr als ein Jahr dauern könnte, bis Sie finden, was Sie sich vorstellen. Ich schlage also vor, daß Sie einem Headhunter (wenn auch nicht dem, der Sie in diese Lage gebracht hat) erklären, Sie seien an einem Wechsel interessiert. Der liefert, was Sie brauchen oder auch nicht, doch der eigentliche Wert dieses Vorgehens liegt darin, daß Sie bei künftigen Einstellungsgesprächen darauf verweisen können, Sie hätten Ihren Fehler sofort eingesehen.

Ich verkneife mir die Bemerkung, daß Sie es dieses Mal besser richtig anfangen, da ich davon ausgehe, daß Ihnen dieser Gedanke schon selbst gekommen ist.

Ich war sehr erfreut, als man mir kürzlich eine leitende Funktion in einem bekannten Herstellungsbetrieb in Familienbesitz anbot. Nach meinem Eintritt stellte ich jedoch fest, daß er in größten Schwierigkeiten steckt, die von außen nicht ersichtlich waren: Finanzielle Unsicherheit, unzufriedenes Personal und eine unentschlossene Führungsebene. Ich könnte all das als Herausforderung ansehen, doch mein Instinkt sagt, ich sollte mich trennen und abhauen. Was denken Sie darüber?

Ich möchte nicht unfreundlich klingen – doch warum in Erich Lejeunes Namen haben Sie sich überhaupt auf dieses Kuddelmuddel eingelassen?

Sie sagen, die neue Firma habe »größte Schwierigkeiten, die zunächst nicht ersichtlich waren«. Es ist nicht gut, wenn man Problemen vorhält, Sie seien nicht ersichtlich gewesen. Es gehört zu Problemen dazu, daß sie häufig nicht offensichtlich sind. Sie müssen sich schon selbst vorwerfen, sie nicht aufgestöbert zu haben. Und wie es sich anhört, hätte es nicht viel Mühe gemacht, sie auszugraben.

Die Tatsache, daß es ein Familienbetrieb ist, hätte schon die ersten Alarmglocken schrillen lassen müssen. In solchen Firmen gibt es zwei Klassen von Bürgern: die Familie – und alle anderen. Das ist kein böser Wille; wer eine Firma besitzt, identifiziert sich so sehr damit, daß er ganz einfach nicht zwischen privaten und geschäftlichen Angelegenheiten unterscheiden kann. Und wer nicht zur Familie gehört, ist eben eine angeheuerte Hilfskraft.

Bei vielen Leuten scheint das Hirn mehr oder weniger auszusetzen, wenn man ihnen einen Job anbietet. Meine Güte, da will mich jemand zum Direktor machen! Wie überaus nett von denen! Sie müssen kein bitterer alter Zyniker werden, um ein wenig gesunde Skepsis zu entwickeln. Stellen Sie einfach ein paar intelligente Fragen. Warum braucht man Sie? Was geschah mit Ihren Vorgängern? Können Sie mit denen reden? Können Sie mit den Wirtschaftsprüfern der Firma reden? Wen kennen Sie in der Belegschaft? Finden Sie heraus, in welcher Kneipe die Leute nach der Arbeit ein Bier trinken und Dampf ablassen, und dann schauen Sie dort vorbei und hängen selbst ein wenig herum.

All das erzähle ich Ihnen nur, weil Sie beim nächsten Mal erheblich vorsichtiger sein sollten. Und wie es sich anhört, kann dieses nächste Mal nicht früh genug kommen. Ja, sicher, Sie sollten sich trennen und abhauen. Aber zunächst finden Sie bitte heraus, wohin Sie da abhauen.

Nach zehn Jahren in derselben Einzelhandelsfirma habe ich aus all den üblichen Gründen die Stelle gewechselt: Bessere Aussichten anderswo, höheres Einkommen, neue Aufgaben und so weiter. Zu meiner eigenen Überraschung fällt es mir nach neun Monaten noch immer schwer, mich in meinen neuen Job einzuleben, und ich vermisse den alten. Ich bin neununddreißig und Single, und mein gesellschaftliches Leben spielte sich im Umfeld meiner früheren Kollegen ab. Inzwischen hat mir die alte Firma meine Stelle wieder angeboten – dieses Mal aber mit etwas mehr Verantwortung und besserer Bezahlung. Ich glaubte immer, es sei schlecht, auf etwas zurückzukommen, doch in diesem Fall bin ich versucht, zurückzukehren.

Oft ist es kaum mehr als Verlegenheit, was einen zögern läßt, zu einem früheren Job zurückzukehren. Ihre frühere Firma hat Ihnen eine rauschende Abschiedsparty gegeben, dazu ein besseres Geschenk, als Sie je erwarten durften, und der Mann an der Spitze erhob sich und sagte einige höchst schmeichelhafte Worte über Sie. Im Gegenzug gaben Sie sich dankbar und liebenswürdig, ließen aber keinen im Zweifel, daß Sie wegen all der Dinge weiterzogen, von denen Sie mir erzählt haben: bessere Aussichten, höheres Einkommen, neue Aufgaben.

Und jetzt lauert irgendwo in Ihrem Hinterkopf die Aussicht auf eine ein wenig peinliche Rückkehr. Es wird nicht leicht sein, an diesem ersten Morgen aufzutauchen. Man wird Witze auf Ihre Kosten machen, und nicht nur freundliche. Selbst mit der Zusage größerer Verantwortung und besserer Bezahlung sieht es anscheinend immer noch ein wenig nach Abstieg, nach Demütigung aus.

Was in gewisser Hinsicht auch zutrifft, aber das ist – außer in Ihren und in den Augen Ihres schlimmsten Feindes – wahrhaftig eine Kleinigkeit; ein legitimes Experiment, das nicht geklappt hat, aber eine wertvolle Erfahrung vermittelte.

Großartig, daß die frühere Firma Sie zurückhaben möchte. Das Management dürfte doppelt entzückt sein: Erstens freut man sich, ein Gesicht wiederzusehen, dem man vertraut, und zweitens wird Ihre Rückkehr anderen potentiellen Abtrünnigen zu denken geben. Und die meisten der Arbeitskollegen, mit denen Sie offenkundig gut auskommen, werden beruhigt zur Kenntnis nehmen, daß das Gras anderswo schließlich doch nicht so viel grüner ist.

Ich kann mir nur noch einen Grund vorstellen, länger zu zögern. Sobald Sie zurück sind, sind Sie zurück – nicht zwangsläufig zu Ihrem Vorteil, aber für sehr lange Zeit. Falls Ihnen das nichts ausmacht, sollten Sie Ihren Stolz hinunterschlucken, Ihren derzeitigen Arbeitgebern äußerst dankbar sein – und sich auf den Weg nach Hause machen.

Seit fünfzehn Jahren bin ich stellvertretender Direktor einer kleinen Einzelhandelskette. Den meisten galt ich die ganze Zeit hindurch als Favorit für den Posten des Direktors, und ich habe gern gewartet. Doch der jetzige Chef läßt mit seinen fünfundfünfzig Jahren keinerlei Anzeichen erkennen, daß er innerhalb der nächsten zehn Jahre in den Ruhestand gehen will, und ich werde selbstverständlich auch nicht jünger. Was die Sache noch komplizierter macht, sind ein paar Hinweise, daß unser Direktor vielleicht auch den Finanzchef als Nachfolger in Betracht zieht. Sollte ich mit meinen fünfundvierzig Jahren retten, was zu retten ist, und gehen?

Vermutlich kommt Ihnen Ihr Boß nicht wie Winston Churchill vor, aber ich bin mir ziemlich sicher, daß die Rolle des Anthony Eden vom Schicksal mit Ihnen besetzt wurde. Fünfzehn Jahre sind eine sehr lange Zeit für jede Art von Stellvertreter. Nach weiteren zehn Jahren werden Sie den größten Teil Ihres Arbeitslebens als Direktor in Wartestellung verbracht haben. Als Anthony Eden am Ende den Job bekam, war er eigentlich schon zu alt dafür, und das wird, auch wenn es hart klingen mag, zwangsläufig auch für Sie gelten.

Die Ernennung eines neuen Direktors sollte, besonders nach zwanzig oder mehr Jahren, in der Regel Veränderungen auslösen, mit denen neue Ideen und Energien eingebracht werden. Jeder auf der Lohnliste sollte ein gewisses Kribbeln spüren: Erneuerte Erwartungen, dazu vielleicht ein Hauch von belebender Furcht. Das bringt alle mal wieder auf Zack. Auch wenn Sie nichts falsch gemacht haben, ist es mit einer so vertrauten und angenehmen Person wie Ihnen einfach nicht möglich, eine solche Erregung auszulösen.

Da Sie sich derartig lange damit zufriedengegeben haben, an der Außenlinie zu warten, ist anzunehmen, daß Sie nicht zwanghaft ehrgeizig sind. Dennoch müssen Sie über gewisse Fähigkeiten und Einsatzfreude verfügen. Stellen Sie also die derzeitige Firma in den Hintergrund und schwelgen Sie ein wenig in Phantasien. Was wäre Ihr absoluter Traumjob – einer, der Sie am Montagmorgen fröhlich pfeifend zur Arbeit aufbrechen läßt? Finden Sie das heraus, und dann sollten Sie sich darum bemühen. Je eher Sie anfangen, desto besser sind Ihre Chancen.

Während der letzten zwei Jahre hatte ich eine relativ gehobene Position in einem großen Einzelhandelsunternehmen. Mit den Kollegen komme ich gut zurecht, und meine Beurteilungen waren immer gut. Das Problem ist, man hat mich hier in einer Folge von kurzfristigen Halbjahresverträgen angestellt. Meinen unmittelbaren Vorgesetzten habe ich darauf angesprochen, ob ich eine dauerhaftere Anstellung bekommen könnte, doch er sagt, er könne hier nichts tun. In der Zwischenzeit komme ich nicht für den Pensionsplan des Unternehmens in Frage, ich nehme keinen Urlaub, damit man nicht die Gelegenheit nutzt, meinen Vertrag nicht mehr zu verlängern, und meine Zukunft kommt mir sehr unsicher vor. Kann ich irgend etwas tun, um diese Situation zu ändern?

Ich kann verstehen, daß dies sehr unbefriedigend ist – und auch ein wenig verdächtig. Als großes Unternehmen sollte Ihre Firma eigentlich eine Personalabteilung besitzen. Dies ist der Zeitpunkt, sich über den unmittelbaren Boß hinwegzusetzen und sich direkt an diese zu wenden. Dort sitzen die Leute, die mehr von Verträgen und Firmenpolitik verstehen als ein Fachgebietsleiter.

Fragen Sie einfach, warum man Sie mit einer Folge von Halbjahresverträgen mit all den daran hängenden Nachteilen hinhält. Erinnern Sie an Ihre guten Beurteilungen. Erzählen Sie denen, daß Sie Hemmungen haben, Urlaub zu nehmen (was ich, wie ich sagen muß, ziemlich lasch von Ihnen finde).

Dieses Vorgehen birgt, wie Sie sicher erkannt haben, einige Risiken. Eine mögliche Erklärung für das Verhalten Ihrer Firma könnte sein, daß man nicht von Ihrem langfristigen Wert überzeugt ist, aber sich noch nicht dazu durchgerungen hat, das auszusprechen. Indem Sie die Frage zuspitzen, könnten Sie durchaus Ihren Abgang beschleunigen. Doch wie es sich anhört, ist das vielleicht gar nicht so schlecht.

• • • • • •

Ich habe einen Abschluß in Wirtschaftswissenschaften und fast ein Jahr des zweijährigen Ausbildungsprogramms für Uni-Absolventen in einer großen Firma durchlaufen. Es besteht die Möglichkeit, daß man mir schon bald eine feste Anstellung in diesem Unternehmen anbietet. Würden Sie mir raten, auch noch das zweite Ausbildungsjahr abzuschließen und dadurch größere Erfahrung zu gewinnen, oder sollte ich innerhalb dieser Firma eine dauerhafte und stärker spezialisierte Rolle übernehmen, sobald eine solche verfügbar wird?

Mittlerweile ist diese Entscheidung schwieriger als noch vor ein paar Jahren. Damals wäre es mir leichtgefallen, sonore väterliche Töne von mir zu geben: Ich hätte Sie an Ihre Verpflichtungen erinnert, Ihnen strikt geraten, das gesamte Ausbildungsprogramm zu durchlaufen, darauf hingewiesen, daß Sie vielleicht nie wieder eine Gelegenheit geboten bekämen, allgemeine Erfahrung zu sammeln – und die langfristigen Gefahren allzu früher Spezialisierung in den lebhaftesten Farben ausgemalt.

Heute ist das jedoch nicht mehr so offensichtlich. Falls Ihre »spezialisierte Rolle« Teil der elektronischen Revolution ist (was wahrscheinlich sein dürfte), könnte das Angebot einfach zu gut sein, als daß Sie es ablehnen könnten. Die Dinge verändern sich so schnell, daß ein Jahr Erfahrung in dieser Art von Job ebensoviel wert ist wie fünf oder mehr Jahre der traditionellen Berufsausübung.

Sie sollten also sorgfältig prüfen. Falls Sie glauben, am Ende der ganzen zwei Jahre eine vernünftige Chance auf eine andere Festanstellung zu haben, die zumindest ebenso interessant ist, sollten Sie Ihre Ungeduld zügeln, das Trainee-Programm fortsetzen und die Ausbildung abschließen. Aus all den oben genannten, anödend verantwortungsbewußten Gründen werden Sie es nicht bedauern. Doch falls Sie sehr stark das Gefühl haben, daß die spezialisierte Chance, die Ihnen gerade offensteht, vielleicht eine jener niemals wiederkommenden Geschichten auf der Überholspur ist, dann sollten Sie Ihr Glück in die Hand nehmen und springen.

Und wenn Sie wirklich klug sind, dann nutzen Sie jede freie Minute, die sich bietet, um die umfassendere Erfahrung zu bekommen, auf die Sie zunächst verzichtet haben.

Ist Ehrlichkeit immer angebracht?

Immer wieder einmal kommt heraus, daß ein höchst erfolgreicher Geschäftsmann nicht ganz bei der Wahrheit geblieben ist, als er seinen Eintrag für das Who's Who? zusammenstellte. Jener Harvard-Abschluß in Wirtschaftswissenschaft war, wie sich herausstellt, eher ein sechswöchiger Kurs, und warum hat seine dreijährige Arbeit für Bernie Cornfeld keine Erwähnung verdient? Der Spott, den die Aufdeckung dieser lächerlichen Mogeleien unweigerlich auslöst, wiegt den kleinen Nutzen, den sie vielleicht gebracht haben, bei weitem auf. Dennoch gibt es weiterhin den instinktiven Wunsch, etwas zu verschleiern oder auszuschmücken.

Das ist seltsam, denn die Geschäftswelt ist erheblich offener und erheblich weniger intolerant, als das noch vor zwanzig Jahren der Fall war. Damals erwartete man von wichtigen Führungskräften, daß sie weiß, männlich und heterosexuell waren, von einer guten Uni kamen sowie einen guten Schneider hatten. Heute ist die sexuelle Orientierung nur noch selten ein Thema; weibliche Führungskräfte, wenn auch eine Ausnahme, sind nicht mehr Zielscheibe von sogenannten Herrenwitzen, der Ort der Ausbildung ist weitgehend bedeutungslos, und oft kann man anziehen, was man will.

Das Problem beginnt gewöhnlich zu einem frühen

und kritischen Zeitpunkt des Arbeitslebens. Es ist schwierig, eine Stelle zu bekommen, drei Einstellungsgespräche in Folge haben nichts gebracht, das Geld geht zu Ende. Damit scheint es eine läßliche Sünde, wenn man eine Kleinigkeit verschweigt oder eine Qualifikation ein wenig aufpoliert. Natürlich nichts, was besonders schändlich wäre – doch wer weiß, vielleicht gibt es ja den Ausschlag.

Leider ist es nun für immer in der Welt, wie eine Zeitkapsel, die auf ihre Wiederentdeckung wartet. Abgesehen von sehr wenigen Ausnahmen ist es weit, weit besser, mit offenen Karten zu spielen.

Einer der alteingesessenen Teilhaber unserer Anwaltskanzlei hat mich zu einem Abendessen am Wochenende in seinem Haus eingeladen. Er meinte, ich solle meine bessere Hälfte mitbringen – das Problem ist, er rechnet eindeutig damit (und sähe es auch lieber), daß ich in Begleitung einer Freundin komme, doch ich bin homosexuell. Soll ich vorgeben, keinen Partner zu haben, eine weibliche Person einladen oder meinen männlichen Partner mitnehmen?

Ich hoffe nur, Sie haben ihm nicht den Eindruck vermittelt, Sie seien hetero. Falls doch, haben Sie sich selbst in die Klemme manövriert. Falls nicht, könnte dies Ihre beste Gelegenheit werden, die Dinge ein für alle Mal klarzustellen.

Der Schlüssel dazu ist das Abendessen. Bei Veranstaltungen dieser Art gibt es in der Regel eine Tischordnung. Sagen Sie Ihrem Teilhaber: »Ich bin Ihnen und Ihrer Frau sehr dankbar für diese Einladung. Zufällig ist meine bessere Hälfte ein Mann – und ich vermute, daß dies Ihre Tischordnung durcheinanderbringen könnte. Warum sprechen Sie nicht mit Ihrer Frau darüber? Was mich angeht, würde es mich gleichermaßen freuen, mit meinem Partner, mit einer Freundin, ganz allein – oder auch gar nicht – zu erscheinen. Bitte lassen Sie mich wissen, was Ihnen am besten paßt.« Hier ist es wichtig, sich präzise auszudrücken; möglicherweise fällt es Ihnen leichter, das mit einer handschriftlichen Mitteilung zu erledigen. Damit geben Sie Ihrem Kanzleivorgesetzten und seiner Gattin außerdem etwas Zeit, ihre Gesichtszüge und Vorurteile zu sortieren.

Falls aus der Antwort abzulesen ist, daß Ihre Homosexualität wahrscheinlich ein ernstes Karrierehindernis sein wird, sollten Sie so bald wie möglich zu einer etwas aufgeklärteren Firma wechseln. Niemand sollte mit einer Lüge leben müssen.

Seit kurzem nehme ich Prozac (in Deutschland u. a. als Fluctin im Handel) ein. Sollte ich es meinem Boß sagen? Was meine Arbeit angeht, habe ich einiges vorzuweisen, und meine letzte Beurteilung war voller lobender Worte.

Haben Sie schon mit Ihrem Arzt darüber gesprochen? Falls nicht, sollten Sie es nachholen, wenn Sie Ihr Rezept erneuern lassen. Die meisten Ärzte dürften sagen, das liege bei Ihnen, und so sollte es auch sein. Doch es ist immer besser, wenn man fragt, vor allem dann, wenn besondere Umstände vorliegen.

Werden Sie also, falls man Ihnen diesen Rat gibt, die

Katze aus dem Sack lassen? Für mich ist die ganze Angelegenheit so lächerlich unbedeutend, daß ich keinerlei Grund sehe, ein Wort darüber zu verlieren.

Würden Sie Ihrem Boß mitteilen, Sie nehmen Zinkaspartat? Oder Vitamin C? Oder kalifornischen Feigensirup? In diesem Fall würden Sie wahrscheinlich einen entschieden indignierten Blick ernten.

Es läuft immer noch dieser mittelalterliche Aberglaube um, kleine Unpäßlichkeiten im Kopf wären irgendwie unheilvoller und eher ein Grund zur Scham als kleine körperliche Störungen. Sie selbst scheinen das auch zu glauben.

Millionen nehmen Prozac – und es geht ihnen dadurch besser. Wenn es bei Ihnen ebenfalls hilft, nützt das auch Ihrer Arbeit. Ihre lobende Beurteilung legt nahe, daß es bereits wirkt.

Ich kann mir nur eine mögliche Situation vorstellen, in der es ratsam wäre, sich zu offenbaren. Falls es irgendeine bestimmte Aufgabe gibt, die Ihnen ständig besonders belastend vorkommt, dann könnte es klug sein, das zu erwähnen. So lange es kein absolut entscheidender Aspekt Ihrer Arbeit ist, dürfte fast jeder gute Vorgesetzte Verständnis zeigen und sich freuen, Ihnen das Leben zu erleichtern.

Vor fünf Jahren hatte ich eine Büroaffäre mit einer untergebenen Mitarbeiterin. Wir waren beide ungebunden, doch die Beziehung endete sehr schlimm, und sie verließ die Firma, wobei sie behauptete, ich hätte ihre Aufstiegschancen behindert. Sie hat sich nie offiziell beschwert, doch von gemeinsamen Freunden weiß ich, daß sie immer noch sehr verbittert ist. Ich habe inzwischen die Firma gewechselt, nun aber festgestellt, daß sie ebenfalls in mein neues Unternehmen eintreten und ganz in meiner Nähe eingesetzt werden wird. Sie wußte und weiß wahrscheinlich noch immer nicht, daß ich hier arbeite, und meine neuen Kollegen wissen nicht, daß ich sie kenne. Ich fürchte, sie könnte mir das Leben hier sehr schwer machen, und frage mich, ob ich meine Vorgesetzten wegen unserer früheren Beziehung vorwarnen soll.

Wow, was für ein Alptraum. Nachdem ich mich recht sorgfältig durch die Liste Ihrer Möglichkeiten gearbeitet habe, kann ich nicht behaupten, daß sich auch nur eine davon besonders aufdrängen würde – doch zumindest können wir wohl einige ausschließen.

Ihre Vorgesetzten vorzuwarnen hat auf den ersten Blick den Vorteil, daß alles gleich auf den Tisch kommt. Doch ich frage mich, ob Ihnen das aus einem weniger achtenswerten Grund gefällt – nämlich als Gelegenheit, Ihre Version der Geschichte als erster einzubringen? Und was würden Sie denen genau sagen? Was sollten sie ihrer Meinung nach mit dieser Information anfangen? Sie können kaum davon ausgehen, daß man das Stellenangebot rückgängig macht. Ich nehme an, man würde einfach versuchen, die Frau auf einer anderen Position einzusetzen, doch auch das würde ein wenig kompromittierend aussehen. Nein, diese Option fällt flach, zumindest für den Augenblick. Sie würden nur Ihre Vorgesetzten in Verlegenheit bringen – und dafür werden Sie Ihnen nicht gerade dankbar sein.

Die zweite Möglichkeit ist, nichts zu tun – immer eine attraktive Option und überraschend oft richtig. Doch hier ist das Risiko beträchtlich. Falls die Dame sich geändert hat, zur Ruhe gekommen und vielleicht sogar eine neue Bindung eingegangen ist, könnte es natürlich sein, daß all Ihre Befürchtungen sich als unbegründet herausstellen. Doch wie die gemeinsamen Freunde schildern, ist das nicht der Fall, und deshalb wäre es unklug, darauf zu bauen. Ich fürchte also, Sie müssen etwas unternehmen – und da würde ich bei den gemeinsamen Freunden anfangen.

Es kommt mir seltsam vor, daß sie Ihnen von dem bevorstehenden Jobwechsel berichtet, ihr aber anscheinend nicht mitgeteilt haben, daß Sie schon dort arbeiten. Wenn es echte Freunde sind, dürften sie kaum wollen, daß sie am ersten Arbeitstag morgens glänzenden Auges und aufgebrezelt aufkreuzt – nur um vom Anblick Ihres starren Gesichtsausdrucks am benachbarten Arbeitsplatz abrupt gestoppt zu werden.

Sie sollten also erstens die gemeinsamen Freunde bitten, ihr reinen Wein einzuschenken und zu sagen, was los ist. Und zweitens sollten Sie ihr durch die Freunde vorschlagen lassen, daß Sie beide sich einmal zusammensetzen. Dies ist höchstwahrscheinlich der allerletzte Vorschlag, den Sie hören wollen, doch ich fürchte, Ihnen bleibt nichts anderes übrig. Aus ihrer Reaktion werden Sie alles entnehmen können, was Sie wissen müssen – und was Sie, wenn überhaupt, als nächstes zu tun haben.

(Warum werde ich nur den bösen Verdacht nicht los, daß Sie ihr damals, vor so vielen Jahren, wirklich übel mitgespielt haben?)

• • • • • •

Nachdem ich das Studium mit einem akademischen Grad abgeschlossen habe, suche ich meine erste Stelle, doch mein Problem ist, ich leide an Legasthenie. Im Lesen und Schreiben bin ich dadurch ziemlich beeinträchtigt, doch da ich mich um eine Stelle im Wertpapierhandel bemühe, hoffe ich, daß es kein allzu großes Problem darstellt. Ich frage mich nun, ob ich diese Schwäche bei Einstellungsgesprächen angeben soll oder ob das eher gegen mich spricht, wenn ich mich um eine Stelle bewerbe?

Diese Entscheidung ist sehr wichtig, da die beiden Möglichkeiten sehr unterschiedliche Risiken in sich tragen.

Wie Sie zu Recht vermuten, könnte es sich zu Ihren Ungunsten auswirken, wenn Sie die Legasthenie bei Einstellungsgesprächen angeben. Doch zumindest haben Sie die Karten auf den Tisch gelegt. Falls Sie die Behinderung verbergen und eine Stelle bekommen, werden Sie auf ewig unter nagenden Ängsten leiden: Erstens, weil Sie einen Job mit falschen Behauptungen erhalten haben, und zweitens, weil die Wahrheit irgendwann, früher oder später, ans Licht kommt. Über das Wie brauchen Sie sich keine Gedanken zu machen.

Also würde ich auf Offenheit setzen – und zwar offensiv. Gestehen Sie die Leseschwäche gleich zu Anfang, räumen Sie ein, daß für jeden potentiellen Arbeitgeber Bedenken wegen möglicher Auswirkungen auf Ihre Arbeit völlig verständlich sind, und erklären Sie, wie Sie das Problem bis jetzt gemeistert haben. Schließlich haben Sie Ihren Abschluß gemacht – das dürfte ja vermutlich einige Fähigkeiten in Lesen und Schreiben erfordert haben.

Vielleicht haben Sie ja schon mit der Internationalen Legasthenie-Vereinigung Verbindung aufgenommen, dann könnten Sie sich bei denen wegen dieses Vorgehens rückversichern und eventuell Beispiele von bekannten Persönlichkeiten nennen lassen, die trotz einer Leseschwäche sehr erfolgreich sind. Arbeitgeber finden Präzedenzfälle beruhigend. Falls es wirklich nicht anders geht, können Sie ja immer noch zu einer List greifen. Doch ich hoffe und glaube, daß Sie das nicht brauchen werden.

Nachdem man mich vor fünfzehn Jahren wegen ungebührlichen Benehmens entlassen hat, war ich bis heute selbständig. Wirkt die Entlassung sich auch heute noch negativ aus, wenn ich mich nach einem neuen Job umsehe? Ich bin inzwischen ein ganz anderer Mensch und möchte die Geschichte nicht wieder ausgraben, solange es nicht sein muß.

Eine Entlassung wegen »ungebührlichen Benehmens« ist ja wohl keine Liste von Vorstrafen. Möglicherweise bedeutet sie Ihnen mehr als einem potentiellen Arbeitgeber. Deshalb sollten Sie nach meinem Gefühl völlige Offenheit und Transparenz anstreben.

Wie unwahrscheinlich es auch scheinen mag, Sie müssen stets davon ausgehen, daß die weit zurückliegende Entlassung bekannt wird. Irgendeine boshafte Gottheit wird schon dafür sorgen, daß die Putzfrau, die Sie einst volltrunken und »ungebührlich« im Computerraum fand, heute das liebenswerte Muttchen in der Kantine des neuen Betriebes ist.

Versetzen Sie sich doch in die Lage eines künftigen Arbeitgebers. Was würde Ihnen mehr zu denken geben: das offene Eingeständnis eines alten Fehlverhaltens oder der ans Licht gebrachte Beweis für eine aktuelle Täuschung?

Falls Sie sich entschließen, reinen Tisch zu machen (was ich hoffe), sollten Sie darauf achten, mit einer ausreichenden Zahl von Referenzen ausgestattet zu sein. Da Sie selbständig waren, können diese natürlich nicht von Arbeitgebern stammen. Doch langjährige zufriedene Kunden können genauso beruhigend sein, vielleicht auch ein Brief Ihres Hausarztes. Sagen Sie es geradeheraus: »Warum sollten Sie mir glauben, wenn ich sage, ich sei in den letzten fünfzehn Jahren ein anderer Mensch geworden? Also habe ich hier etwas, um das zu belegen – und haben Sie keine Hemmungen, die Leute anzurufen.«

Vor drei Wochen hat man mich aus meinem gehobenen Job im Verkauf gefeuert, und ich habe meiner Familie noch nichts davon erzählt. Ich gebe täglich vor, zu Arbeit zu gehen, doch ich verbringe den Tag dann in der hiesigen Bibliothek und bewerbe mich um Anstellungen. Ich fühle mich schrecklich, weil ich meine Frau und meine beiden kleinen Kinder anlüge, bringe es aber nicht über mich, ihnen die Wahrheit zu sagen. Und vielleicht kriege ich nächste Woche oder so einen neuen Job – dann müssen sie es nie erfahren, und ich habe sie nicht beunruhigt. Wie soll ich mich verhalten?

Zuerst habe ich größte Sympathie für Sie empfunden. Sie sind selbstverständlich nicht der erste, der sich in einem so gräßlichen Dilemma befindet, aber das ist ein schwacher Trost.

Als ich dann jedoch ein wenig länger über Sie nachdachte, machte sich eine gewisse Ungeduld bemerkbar. Woran könnte es denn liegen, fragte ich mich, daß Sie es nicht über sich bringen, es Ihrer Frau und der Familie zu sagen? Sie sagen, Sie wollten sie nicht beunruhigen, doch da bin ich mir nicht so sicher. Sie erzählen mir nicht, weshalb man Sie gefeuert hat – doch falls es nichts war, dessen Sie sich wirklich schämen müßten, warum scheint es dann, als würden Sie sich schämen?

Hier dürfen Sie sich nicht schonen, und das wird nicht einfach sein. Doch Sie dürfen nicht vergessen, daß der Verlust des Arbeitsplatzes, wie traumatisch er auch sein mag, kein ausreichender Grund ist, alle Selbstachtung fallenzulassen. Ihre Arbeit war ein wichtiger Teil von Ihnen – aber doch nur ein Teil. Ihre Frau, Ihre Kinder und Ihre Freunde definieren Sie nicht nur über Ihre Arbeit. Charakter, Geist und Intelligenz sind nicht einfach verlorengegangen. Sie haben nichts von dem verloren, weswegen Ihre Familie Sie schätzt.

Deshalb müssen Sie sich, wie peinlich es Ihnen auch vorkommen mag, sofort aus dieser täglichen Lüge befreien. Sie müssen Ihrer Frau alles erzählen. Tun Sie nicht so, als hätte man Sie einfach so rausgeschmissen; verschweigen Sie absolut nichts, auch nicht, weshalb Sie es nicht vorher gesagt haben. Je länger Sie das hinauszögern, desto schwerer wird es.

Es würde mich wundern, wenn Ihre Frau deswegen schlechter von Ihnen dächte. Und daß Sie sich von der Last der Täuschung befreit haben, wird Ihnen zusammen mit der Unterstützung Ihrer Frau eine Menge zusätzliches Selbstvertrauen geben, wenn Sie sich einen neuen Job suchen. Sollten die Kinder auch davon erfahren? Das besprechen Sie mit Ihrer Frau – die hat wahrscheinlich ein besseres Gefühl dafür. Ich persönlich finde, Sie sollten den Verlust der Stelle beichten, nicht aber, wann das genau passiert ist: Ein legitimer Kompromiß, wie ich meine.

Was hat Vorrang: Firma oder Familie?

Es ist nie besonders intelligent, Vergleiche über größere Zeiträume hinweg anzustellen – doch während der letzten zwanzig Jahre dürften die meisten Probleme am Arbeitsplatz ein wenig einfacher geworden sein. Dieses eine jedoch hat sich zweifellos verschärft.

So, wie es einst zu sein schien, ist es nie ganz gewesen – und ich plädiere ganz gewiß nicht dafür, daß es je wieder so sein sollte: Der Ehemann hatte seine Arbeitsstelle, die Frau nicht. Er verließ jeden Morgen das Haus und kam zurück, wenn die Kinder schon im Bett waren. Sie blieb zu Hause, kochte, putzte, kaufte ein, wusch die Wäsche und kümmerte sich um die Kinder. Falls er länger oder auswärts arbeiten mußte, hatte man durchaus Verständnis dafür. Und dann gab es ja immer die Wochenenden und die Urlaubstage, an denen alle zusammensein konnten.

Natürlich gab es auch damals Spannungen. Der Wettbewerb um Zeit existiert seit jeher. Egal ob Mann oder Frau, egal in welcher Epoche – es kann nur wenige arbeitende Eltern geben, die niemals Gewissensbisse verspürt haben.

Doch heute ist es eher noch schwieriger. Mehr Frauen sind berufstätig. Mehr Männer erledigen mehr Hausarbeiten: Manchmal übernehmen sie sogar ihren Anteil am Kinder-Baden. Auch Mütter müssen Überstunden machen und reisen.

Und die ganze Zeit hindurch sind die Firmen wettbewerbsorientierter geworden. Sie erwarten ständig mehr Engagement, mehr und ausschließliche Konzentration auf die nächste geschäftliche Chance. Es ist überall schwieriger geworden, doch ich habe nicht den geringsten Zweifel, daß das Tauziehen zwischen Arbeit und Zuhause arbeitenden Müttern weit mehr Kummer macht als arbeitenden Vätern. Aufgrund der Biologie wie auch der Erinnerung an das, wie es einmal war, sind Männer im Vorteil.

Bei uns gehört es zur Firmenkultur, mittags und nach der Arbeit einen zu trinken, wobei die Chefetage mit gutem Beispiel vorangeht. Alkohol zu Mittag macht mich fertig, und nach Feierabend will ich heim zu meiner Familie. Doch ich arbeite als höherer Manager – um meine Aufstiegschancen nicht zu gefährden, möchte ich nicht als Außenseiter dastehen. Was kann ich tun?

Wie schwierig es Ihnen auch vorkommen mag: Sie sollten auf jeden Fall das tun, was Ihnen Ihr Gefühl sagt. Wenn Alkohol am Mittag Sie außer Gefecht setzt, dann lassen Sie die Finger davon. Erzählen Sie jedem, der sich dafür interessiert, daß Alkohol um diese Tageszeit Sie fertigmacht.

Wenn Sie nach Feierabend gern nach Hause zu Ihrer Familie wollen, dann gehen Sie – und sei es auch nur, weil die Alternativen viel zu gruselig sind, um in Frage zu kommen. Entweder stehen Sie in der Kneipe herum, halten sich an einem Glas mit abgestandenem Edelpils fest und lachen halbherzig über die ordinären Witze anderer oder Sie verströmen ganz unbewußt so starke Signale von Hochmut und Mißbilligung, daß es Ihnen nicht mal Fleißbildchen der katholischen Jungschar einbringt, mit dabei zu sein. Nichts ist offensichtlicher und nichts holt die anderen mehr runter als einer, der nicht von Natur aus einer von den Kumpeln ist, aber mit begrenztem Verhaltensrepertoire versucht, sich als einer von ihnen zu geben.

Wo der Haken ist, haben Sie sicher schon bemerkt. In der Firmenkultur, die Sie schildern, geht »die Chefetage mit gutem Beispiel voran«. Damit ist klar, daß der oberste Boß, der möglicherweise auch der Eigentümer ist, noch die Gesellschaft und Sicherheit einer loyalen Gruppe von Höflingen braucht – oder Speichelleckern, wie sie Ihrer Meinung nach vielleicht zutreffender heißen müßten.

Wenn es also wirklich zutrifft und nicht nur Ihrer sorgenvollen Phantasie entspringt, daß die Fähigkeit, mit den Jungs bis in die Nacht einen heben zu können, eine unabdingbare Qualifikation für jede Beförderung ist, dann sollten Sie anfangen, die Stellenanzeigen zu studieren. Allerdings sollten Sie zuerst mit dem Obermacker reden. Falls Sie Ihre Arbeit gut machen, und das scheint mir so, dann meine ich, daß eine eindeutige Verständigung zwischen Ihnen und dem Boß beiden nützt. Sie bleiben weiterhin eine seiner wertvollen Führungskräfte, und er stellt keine unvernünftigen Ansprüche an Ihre persönliche freie Zeit.

Natürlich werden Sie lernen müssen, die unvermeidlichen öden Witzeleien mit Sportsgeist zu nehmen – oder zumindest so zu tun. Doch das ist ein geringer Preis für die Möglichkeit, die Kinder jeden Abend ins Bett bringen zu können.

Ich bin bei einer Anwaltsfirma als Büroangestellte in Teilzeit beschäftigt und höre täglich um 15 Uhr auf, um zu den Kindern nach Hause zu gehen. Kürzlich hat man im Büro eine wöchentliche »Teamsitzung« um 16 Uhr eingeführt, an der auch ich teilnehmen soll. Sie sagen, sie könnten keine andere Zeit festlegen. Aber für die zusätzlichen Stunden, die ich im Büro verbringe, erhalte ich kein Geld, und dazu muß ich auch noch den Babysitter zu Hause bezahlen. Was kann ich tun, wenn ich die einzige bin, die eine andere Zeit vorziehen würde?

Auf den ersten Blick scheint es, als würde da etwas falsch laufen – und ich kann gut verstehen, daß Ihnen das ungerecht vorkommt. Doch erlauben Sie mir, ein wenig tiefer in die Angelegenheit einzusteigen.

Könnte meine Vermutung zutreffen, daß die »Teamsitzung« um 16 Uhr eher eine Idee des Teams als des Managements ist? In diesem Fall läge der Schluß nahe, daß die Beziehungen der Mitarbeiter untereinander nicht so gut sind, wie sie sein könnten. Ein Team, das sich wirklich als solches empfindet, wäre nicht so gedankenlos, jemandem aus der Gruppe so teure Unannehmlichkeiten zuzumuten.

Da Sie anscheinend die einzige Teilzeitkraft oder zumindest die einzige sind, die um 15 Uhr geht, frage ich mich, ob nicht hier der Hund begraben ist. Ich weiß, das sollte es nicht geben – doch je enger verschweißt und wettbewerbsorientierter ein Team ist, desto ungnädiger nimmt es jeden scheinbaren Mangel an Engagement auf. Sie wissen, es ist anders, doch Teams sind ziemlich eigen. Und wenn nach der Sitzung alle anderen noch ein oder zwei Bier trinken, während Sie als einzige fehlen, kann sich der Eindruck von dem Abstand zwischen denen und Ihnen nur verstärken.

Falls Ihnen diese Analyse einleuchtet und Sie bereits vergeblich versucht haben, die Sitzung verlegen zu lassen, und falls Ihr direkter Vorgesetzter es ablehnt, sich für die Anerkennung Ihrer Überstunden einzusetzen: Dann sollten Sie sich, glaube ich, darauf einstellen, eine andere Stelle zu suchen. Flexible Arbeitszeiten haben viel für sich – doch auf die Gruppenmoral können sie sich verheerend auswirken.

Ich habe Schuldgefühle, wenn ich pünktlich Schluß mache, aber wenn nicht, schaffe ich es nicht, meine beiden kleinen Kinder zu sehen. Kürzlich hat mein Boß angefangen, über Teilzeitler zu »witzeln« – obwohl ich in der Regel lange vor ihm anfange –, und ich mache mir Sorgen, daß er vielleicht meint, ich würde mich nicht genug einsetzen.

Gewissenhafte Leute sind bekanntlich sehr begabt dafür, Schuldgefühle zu entwickeln. Es sind die Nachlässigen, die sorglos pfeifend durchs Leben wandeln. Also müssen Sie in sich gehen und prüfen, ob die Schuldgefühle berechtigt sind oder nicht.

Wenn Sie die Arbeitszeiten einhalten und keine wichtigen Arbeiten unerledigt liegen lassen, sollte Ihr Gewissen absolut rein sein. Könnte es also sein, daß Sie sich schuldig fühlen, weil Sie nach der Arbeit nicht mit den Jungs einen trinken gehen?

In dieser Hinsicht sind Sie eindeutig sehr sensibel, und das ist in Ordnung: Das geht den meisten nachdenklichen Menschen so. Es könnte aber leicht bedeuten, daß Sie viel mehr aus den »Witzeleien« Ihres Chefs herauslesen, als er beabsichtigt. Wie es sich anhört, gehört Feinfühligkeit nicht zu seinen herausragenden Charakterzügen.

Falls die Witzeleien andauern, und Sie sich weiterhin Sorgen machen, sollten Sie einen passenden Moment abwarten und ihn ansprechen. Machen Sie keine große Sache daraus, erwähnen Sie weder die Witzeleien noch Ihre Schuldgefühle. Sagen Sie einfach, wie wichtig es für Sie ist, abends Ihre Kinder zu sehen, und bitten Sie ihn, Ihnen sofort einen Wink zu geben, wenn er glaubt, Sie würden deswegen weniger leisten. Seine Antwort müßte in jedem Fall aufschlußreich sein.

Und wenn alles gutgeht, könnte das seinen Witzeleien sogar einen kleinen Dämpfer aufsetzen.

Man hat mir angeboten, mich für drei Jahre nach Südamerika zu versetzen, wo ich die Geschäfte meines Unternehmens leiten soll. Doch ich muß die Schulausbildung meiner Kinder berücksichtigen, dazu die Tatsache, daß keiner von uns Spanisch spricht und wir ständig einen Bodyguard benötigen würden. Wie mache ich meinen Arbeitgebern zufriedenstellend klar, daß ich mich dem Unternehmen mit ganzer Kraft widme, aber die Bedürfnisse meiner Familie nicht außer Acht lassen kann?

All meine Gefühle sagen mir, daß Sie es ohnehin nicht wirklich wollen. Ich bin sicher, die Besorgnis um Ihre Familie ist soweit aufrichtig – doch Sie lassen keines der üblichen Anzeichen erkennen, daß Sie hin- und hergerissen sind zwischen Ihrer persönlichen Freude über die Aussicht auf den Job und der Sorge um das Wohlergehen Ihrer Familie. Falls Sie sich den Job also insgeheim (aus welchen Gründen auch immer) nicht allzusehr wünschen und außerdem ernstliche Bedenken wegen der Konsequenzen für Ihre Familie haben, dann sollte Ihnen zumindest die Entscheidung leicht fallen – auch wenn es nicht so einfach sein dürfte, sie Ihrer Firma einzugestehen.

Ich schlage Ihnen vor, etwa folgendes zu sagen: »Der Job ist großartig, und ich freue mich riesig, daß man ihn mir angeboten hat. Um der Aufgabe gerecht zu werden, müßte ich absolut zuversichtlich sein und vollkommen darin aufgehen. Wegen meiner Familie glaube ich, das nicht bringen zu können – und das wäre dem Unternehmen gegenüber nicht fair. Ich bin sicher, Sie verstehen mich.«

Doch ehe Sie es tatsächlich sagen: Sind Sie sicher, die richtige Entscheidung zu treffen? Drei Jahre sind keine Ewigkeit. Wissen Sie denn, was Ihre Familie wirklich denkt – oder gehen Sie von Annahmen aus? Da drüben müssen schon Freunde oder Kollegen von Ihnen sein: Haben Sie mit denen geredet? Natürlich wird alles fremd sein und Sie herausfordern – und sicherlich dürfte es viele heikle Situationen geben. Aber es könnten ungeheuer anregende und lehrreiche drei Jahre für Sie alle werden.

• • • • • •

Um bei der Hochzeit meines besten Freundes in Amerika dabeisein zu können, nahm ich Urlaub, den ich meinem Boß Monate vorher ankündigte. Eine

Woche vor dem Abflug setzte er eine Besprechung an. Er sagte, sie sei von größter Bedeutung, weshalb ich daran teilnehmen müßte. Zwar übernahm er die Kosten für einen späteren Flug, doch ich verpaßte die Hochzeit und sah meine Freunde nur ganz kurz, bevor sie in die Flitterwochen abreisten. Wie kann ich meinem Boß sagen, daß sein Verhalten unangemessen war?

Am interessantesten finde ich den Teil Ihres Briefes, in dem Sie fragen: »Wie kann ich meinem Boß sagen, daß sein Verhalten unangemessen war?« Sie gehen ohne weiteres davon aus, daß es sich so verhält – was natürlich richtig sein könnte. Aber hängt in Wahrheit nicht alles davon ab, worum es bei dieser speziellen Besprechung ging?

Nicht hinreichend einbezogen zu werden gehört zu den Dingen, über die Manager sich am häufigsten beklagen. Sie haben den Eindruck, es gebe in der Firma immer eine bestimmte Ebene, nur eine quälende Stufe über ihnen, auf der all die interessanten Dinge beschlossen werden und wo individuelle Beiträge einen entscheidenden Einfluß haben. Sie sehnen sich danach, unersetzlich zu sein und sich in größerer allgemeiner Anerkennung zu sonnen.

Wenn Sie nun also das Glück haben, eine solche Position zu besetzen, dann müssen Sie auch mit einem gewissen Maß an schmerzlichen Erfahrungen rechnen, was nicht zuletzt ein ständiges Tauziehen zwischen freier Zeit und Arbeitsbelastung bedeutet.

Je mehr man Sie schätzt, und je gewissenhafter Sie sind, desto mehr solcher Konflikte werden auftauchen. Doch was Sie auch machen, Sie sollten nichts verallgemeinern – entscheiden Sie von Fall zu Fall. Das dürfte immer schwierig sein, doch es wird sicherlich Zeiten geben, in denen Sie sich wünschen sollten, lieber an einer wichtigen Besprechung (wenn sie denn wirklich entscheidend ist) teilzunehmen als an der Hochzeit des besten Freundes. Und was zuerst im Terminkalender stand, ist völlig belanglos.

War die Besprechung nun wirklich entscheidend? War Ihre Anwesenheit eindeutig erforderlich? Oder spielte Ihr Boß nur das Arschloch vom Dienst? Im ersten Fall sollten Sie den Mund halten und Ihre Wunden lecken: Sie haben einen Job, für den Tausende ihr Leben hingeben würden – und dazu noch einen Freiflug nach Amerika. Im zweiten Fall sollten Sie sich nach einem neuen Boß umsehen.

Ich bin vor kurzem aus London, wo ich arbeite, weggezogen. Mein täglicher Arbeitsweg ist nun zu lang und sehr mühsam geworden. Für meine hochspezialisierte Qualifikation gibt es außerhalb der City wenig gute Möglichkeiten. Im Büro muß ich nicht zwangsläufig jeden Tag erscheinen, doch mein Boß will, was vielleicht verständlich ist, keinen Präzedenzfall schaffen. Ich fühle mich hin- und hergezerrt. Ich mag meinen Job, doch es kommt mir vor, als wäre ich ständig erschöpft.

Sie sagen nicht, was Sie veranlaßt hat, aus London wegzuziehen. Sie müssen gewußt haben, daß Pendeln eine Qual sein kann, weshalb ich annehme, daß es zum Ausgleich andere Vorteile hat – zumindest hatten Sie das gedacht. Vielleicht eine größere, billigere Wohnung? Oder bessere Schulen? Oder die Wochenenden ohne

Großstadt und Verkehr? Falls davon etwas zutrifft, müssen Sie als erstes abwägen, wieviel von den erhofften Vorzügen Sie erhalten haben und was sie Ihnen wert sind.

Und nicht nur Ihnen allein. Seltsam, daß Sie Ihre Familie nicht erwähnen. Das Wort »ich« verwenden Sie sechsmal, die Wörter »mir« oder »mein« fünfmal, und Sie stellen das Problem als rein persönlich dar – entweder haben Sie also keine Familie (was ich irgendwie bezweifle), oder Sie nehmen das alles ein wenig sehr egozentrisch wahr.

Kurz: Falls Sie und/oder Ihre vielleicht nicht vorhandene Familie durch den Umzug einiges gewonnen haben, sollten Sie dableiben und herausfinden, wie Hetze und Erschöpfung am besten zu verringern sind. Sie sind erst vor kurzem umgezogen. Ungewohnte Abläufe sind unvermeidlich anstrengender als eingefahrene – möglicherweise hilft es also schon, wenn Sie sich einfach ein wenig mehr Eingewöhnungszeit zugestehen.

Anschließend sollten Sie Ihren Boß mit etwas mehr Nachdruck angehen. Sagen Sie, Sie seien sicher, mit einer geänderten Arbeitseinteilung produktiver sein zu können. Schlagen Sie eine Probezeit vor, in der Sie, sagen wir, zwei Tage zu Hause und drei Tage im Büro arbeiten. Bitten Sie ihn, ein »Schiedsgericht« zu benennen – beispielsweise zwei Kollegen, zwei Kunden und er selbst –, die am Ende der Probezeit urteilen sollen, ob Ihre Arbeit gelitten hat oder nicht. Und versprechen Sie ihm, die Bewertung, wie sie auch ausfällt, fröhlich zu akzeptieren.

Damit haben Sie zumindest eine bessere Grundlage für künftige Entscheidungen, und vielleicht bringen Sie sogar frischen Wind in den Laden.

Mein Mann und ich betreiben eine eigene Firma. Haben Sie irgendwelche Ideen, wie »Brandmauern« zwischen der Arbeit und dem Privatleben zu Hause einzuziehen wären?

Ich bin mir nicht sicher, weshalb Sie das wollen. Geht es darum, daß Sie mit vertraulichen Kundenangelegenheiten befaßt sind? Oder schafft es Sie beide, daß jeden Abend und jedes Wochenende Arbeit mit nach Hause geschleppt wird? Oder, und das vermute ich eher, leiden Sie darunter, Ihr Mann dagegen nicht?

Ich stelle mir das so vor: Da sind Sie beide, am Ende eines langen, harten Arbeitstages, und sorgen sich wegen unbezahlter Kundenrechnungen, des streikenden Faxgerätes, der unzuverlässigen Aushilfe und eines angesichts der Saison äußerst dünnen Auftragspolsters – und kommen schließlich zu Hause an.

Jetzt sehnen Sie sich nach einer oder mehreren der folgenden Optionen: Essen in einem schicken Restaurant, ein guter Film, ein Telefonat mit Ihrer Tochter und ein oder zwei Gläser eines weißen Sauvignon. Er dagegen hat nichts anderes im Sinn, als über die unbezahlten Kundenrechnungen, das streikende Faxgerät, die unzuverlässigen Aushilfen und das dünne Auftragspolster zu mosern, während er gleichzeitig erwartet, daß gleich ein schönes warmes Abendessen auf dem Tisch steht.

Falls Ihnen das bekannt vorkommt, liegt der schwarze Peter bei Ihnen. Ich kann Ihnen nur raten, sich einen stets gleichbleibenden Ablauf auszudenken und ihn durchzuhalten. Beschaffen Sie sich ein richtiges, teures, professionelles Schild mit der Aufschrift: »DAS BÜRO IST GESCHLOSSEN/GEÖFFNET« – am besten mit einem Wechselschieber. Das hängen Sie zu Hause im Flur an einer auffälligen Stelle auf. Wenn Sie morgens das Haus verlassen, schieben Sie es demonstrativ von »GESCHLOSSEN« auf »GEÖFFNET«. Bei der Rückkehr bringen Sie es, möglichst noch auffälliger, wieder in die Position »GESCHLOSSEN«. Außerdem sollten Sie sich immer sofort nach der Heimkehr umziehen.

Falls das nicht hilft, müssen Sie entweder Ihren Ehemann oder Ihren Geschäftspartner wechseln.

Schlußwort

Die meisten von uns haben den Eindruck, ihre Probleme seien einmalig – und sie haben recht. Wenn die meisten Probleme in den Beziehungen der Leute liegen und keine zwei Leute identisch sind, dann folgt daraus, daß auch jedes Problem seinen je eigenen Satz von Fingerabdrücken besitzt.

Wahrscheinlich haben Sie es selbst schon erlebt: Wenn Sie versuchen, einem Freund zu helfen, zerbrechen Sie sich den Kopf nach einer vergleichbaren Geschichte, vorzugsweise einer, die gut ausgeht. Doch davon hat er nichts. »Aber bei mir war es doch ganz anders«, sagt ein jeder. Und fast sicher war es das tatsächlich.

Ich habe also keine Allzwecklösungen anzubieten, nur ein paar Prinzipien oder Leitlinien. Es sind nicht so sehr Lösungen, sondern Hinweise, wie man zu Lösungen kommt. Es sind nicht viele, und sie sind sehr weit gefaßt.

- Sie wissen, was Sie empfinden. Bemühen Sie sich nun, sich vorzustellen, was die anderen empfinden. Das gehört zu den schwierigsten Aufgaben und erfordert echte Anstrengung und Vorstellungskraft – doch es kann reiche Früchte tragen. Viele Probleme erwachsen aus schlichten Mißverständnissen, die sich durch zeitlichen Abstand übertrieben vergrößern. Sieht man dasselbe Problem mit den Augen anderer, kann das dazu führen, daß man plötzlich eine Art optischer Illusion erfährt: Die Perspektive wechselt, das Bild wird deutlicher, die Antwort ergibt sich von selbst.

- Dazu gehört es, niemals eine schwierige Unterredung zu beginnen oder einen heiklen Brief oder eine E-Mail abzuschicken, ohne sich in den Empfänger hineinzuversetzen. Vergessen Sie für einen Moment, was Sie mitteilen wollen. Denken Sie nur daran, wie diese spezielle Person, in welcher Stimmung auch immer, es möglicherweise aufnimmt und wie sie reagiert. Wenn es nötig ist, formulieren Sie es um.

- Denken Sie die Dinge zu Ende. Falls Sie Vorgesetzter sind, wird mit jeder schwierigen Entscheidung nicht nur wenigstens ein Mensch unglücklich sein, sondern auch ein Präzedenzfall gesetzt. Sie sollten also sehr genau darauf achten, daß Sie in Ihrer Angst, Probleme lösen zu müssen, nicht den Verlockungen der kurzfristigen Notlösung erliegen. Beständige Unbeständigkeit ist hervorragend geeignet, immer unlösbarere Probleme zu erzeugen.

- Üben Sie sich in der schwierigen Kunst der Selbstprüfung. Entdecken Sie eigene Fehler, dann sollten Sie diese freimütig – und frühzeitig – zugeben. Das zeugt nicht von Schwäche, sondern von Stärke. Andere werden dadurch ermutigt, das gleiche zu tun, und der Abbau von Spannungen wird fast greifbar werden.

- Denken Sie darüber nach, wo Ihre Verantwortung liegt: der Firma, der Familie, den Kollegen und sich selbst gegenüber.

Viel Glück dabei!
J. B.

Danksagung

Rufus Olins von Management Today hat als erster eine monatliche Kolumne zu Arbeitsproblemen vorgeschlagen – einige Jahre später dann ein Buch. Ihm bin ich doppelt dankbar. Außerdem gilt mein Dank Francesca Cunningham und Rebecca Hoar, ebenfalls von Management Today, die ständig für den Nachschub an Problemen sorgten, und auch Stuart Proffitt von Penguin, der dem Ganzen eine vernünftige Form gab.

PIPER

David Allen
Wie ich die Dinge geregelt kriege

Selbstmanagement für den Alltag. Aus dem Englischen von Helmut Reuter. 315 Seiten. Geb.

Hier geht es nicht um den großen theoretischen Überblick, um die wesentlichen Ziele und Werte, gar um Sinn und Zweck der Arbeit – die Theorie und das Philosophieren darüber überläßt David Allen anderen. Hier geht es schlicht um den »Nahkampf im Detail«, wie man die tägliche Arbeit so organisiert, daß man leistungsfähig und effizient ist, ohne sich dabei kaputtzumachen. Allen läßt den Leser an bewährten Strategien teilhaben, die er bei Seminaren quer durch die USA erprobt und u.a. bei Microsoft und dem amerikanischen Justizministerium eingeführt hat. Ob es nun um die Bewältigung der täglichen E-Mail-Flut geht, um das Jonglieren mit eiligen Terminen oder konstantes Telefonklingeln – mit der richtigen Methode lassen sich die meisten Dinge innerhalb von zwei Minuten organisieren. Und auch die Frage, warum kluge Menschen am stärksten dazu neigen, alles hinauszuschieben, oder wie man sein Gehirn von Zeit zu Zeit intelligent zum Schweigen bringen kann, wird beantwortet. Kurz: Das Buch handelt vom Zauber, das Banale meistern zu können.

PIPER

Robert B. Reich

The Future of Success

Wie wir morgen arbeiten werden. Aus dem Englischen von Wolfgang Buchalla. 415 Seiten. Geb.

Robert B. Reich gilt als einer der einflußreichsten Wirtschaftswissenschaftler der Welt. Als amerikanischer Arbeitsminister hat Robert B. Reich seine Theorien erfolgreich in die Praxis umgesetzt. Jetzt liegt sein neues Buch vor, in dem er untersucht, wie wir morgen arbeiten und leben werden. Mehr Chancen bei weniger Sicherheit, lautet seine Diagnose. Als Kunden profitieren wir uneingeschränkt von dieser neuen Entwicklung: Die Waren werden schneller und leichter verfügbar sein, sie werden mehr auf den einzelnen Kunden zugeschnitten – und sie werden billiger sein. Aus der Sicht der Arbeitnehmer sieht das Bild nicht ganz so positiv aus. Einerseits entstehen viele Jobs ganz neuer Art mit sehr guten Entwicklungsmöglichkeiten, andererseits wird vom einzelnen ständige Flexibilität verlangt, lebenslanges Lernen vorausgesetzt und die Bereitschaft erwartet, das Privatleben dem Arbeitsleben unterzuordnen. Robert B. Reich zeigt hier, wie der einzelne die Chancen der neuen Arbeitswelt nutzen kann, ohne sein privates Glück opfern zu müssen.

Paul Watzlawick

Anleitung zum Unglücklichsein Vom Schlechten des Guten oder Hekates Lösungen

Doppelband. 255 Seiten. Geb.

»Die Zahl derer, die sich ihr eigenes Unglück nach bestem Wissen und Gewissen selbst zurechtzimmern, mag verhältnismäßig groß scheinen. Unendlich viel größer aber ist die Zahl derer, die auch auf diesem Gebiet auf Rat und Hilfe angewiesen sind. Ihnen sind die folgenden Seiten als Einführung und Leitfaden gewidmet.« Die so vom Autor präsentierte »Anleitung zum Unglücklichsein« ist ein Millionenbestseller geworden. Dies läßt den Schluß zu, daß Leiden ungeheuer schön sein muß. Wollen Sie überraschenderweise glücklich werden, so sollten Sie Watzlawicks Ratschläge lesen, aber nicht befolgen. Denn das Buch ist »ein Lesevergnügen mit paradoxem Effekt« (Brigitte). Das gilt natürlich auch für »Vom Schlechten des Guten«. Mit vielen schönen Beispielen zeigt der Meister des »Unglücklichseins«, wie wir immer wieder auf die vermeintlich hundertprozentigen und glatten Lösungen hereinfallen, die uns die Schicksalsgöttin Hekate anbietet.

PIPER

Uwe Böschemeyer

Das Leben meint uns

111 Ermutigungen für Paare. 176 Seiten. Geb.

Man kennt das ja: der Streit ums Geld, der vergessene Geburtstag, kleine und größere Mißverständnisse. Oft beginnt damit die Krise in einer Beziehung. Doch, so der bekannte Psychotherapeut Uwe Böschemeyer, fast jede Krise ist zugleich eine Chance. Denn die Frage nach den Bedingungen einer erfüllten Partnerschaft kann neu gestellt und anders beantwortet werden. Böschemeyer hat viele konstruktive und erfolgreiche Gespräche mit Ehepaaren geführt, die kurz vor der Trennung standen. Aus dieser Erfahrung heraus ermutigt er Paare, nicht nur die Probleme und deren Ursachen zu benennen, sondern vor allem nach den Zielen des gemeinsamen Lebens zu suchen. Wenn wir fragen, was wir eigentlich wollen, richten wir den Blick nicht nur auf das mögliche Scheitern, vielmehr auf neue Erfahrungen. Daraus entsteht Hoffnung und Neubeginn.
In Fallgeschichten und in Szenen, die sofort einleuchten, zeigt der Autor die Probleme und Ziele einer Beziehung. Entstanden ist ein »Taschentherapeut für Paare«.

PIPER

PIPER

Mick O'Hare/New Scientist (Hg.)

Warum fallen schlafende Vögel nicht vom Baum?

Wunderbare Alltagsrätsel. Aus dem Englischen von Helmut Reuter. 247 Seiten. Geb.

Unsere Welt ist ein Ort voller Geheimnisse. Um die großen Fragen, auf die Menschen Antworten suchen, kümmert sich die große Wissenschaft. Wie aber steht es mit den kleineren Rätseln? Warum hat jeder Mensch einen anderen Fingerabdruck? Warum ist der Himmel blau? Bringt eine Fliege, die mit einer Lokomotive zusammenstößt, den ganzen Zug möglicherweise für den Bruchteil einer Sekunde zum Halten?
Für alle Neugierigen, die solche und ähnliche Fragen stellen, hat die renommierte Zeitschrift »New Scientist« eine »letzte Seite« eingerichtet. Die Fragen der Leser werden wiederum von Lesern beantwortet. Es sind skurrile, hintergründige, witzige und ganz normale Fragen mit ebensolchen Antworten von der »letzten Seite« des »New Scientist«, die in diesem Buch gesammelt sind. Ob es um den menschlichen Körper, Pflanzen und Tiere, Tricks und Erfindungen, die große Wissenschaft des Alltags geht – immer gibt es etwas zu lernen und zu staunen.